10歳から読める・わかる
いちばんやさしい

日本国憲法

監修／南野 森（九州大学教授）

東京書店

目《もく》次《じ》

第《だい》3章《しょう》 国《こく》民《みん》の権《けん》利《り》及《およ》び義《ぎ》務《む》

第《だい》4章《しょう》 国《こっ》会《かい》

第《だい》5章《しょう》　内閣《ないかく》

第《だい》6章《しょう》　司法《しほう》

第《だい》7章《しょう》　財政《ざいせい》

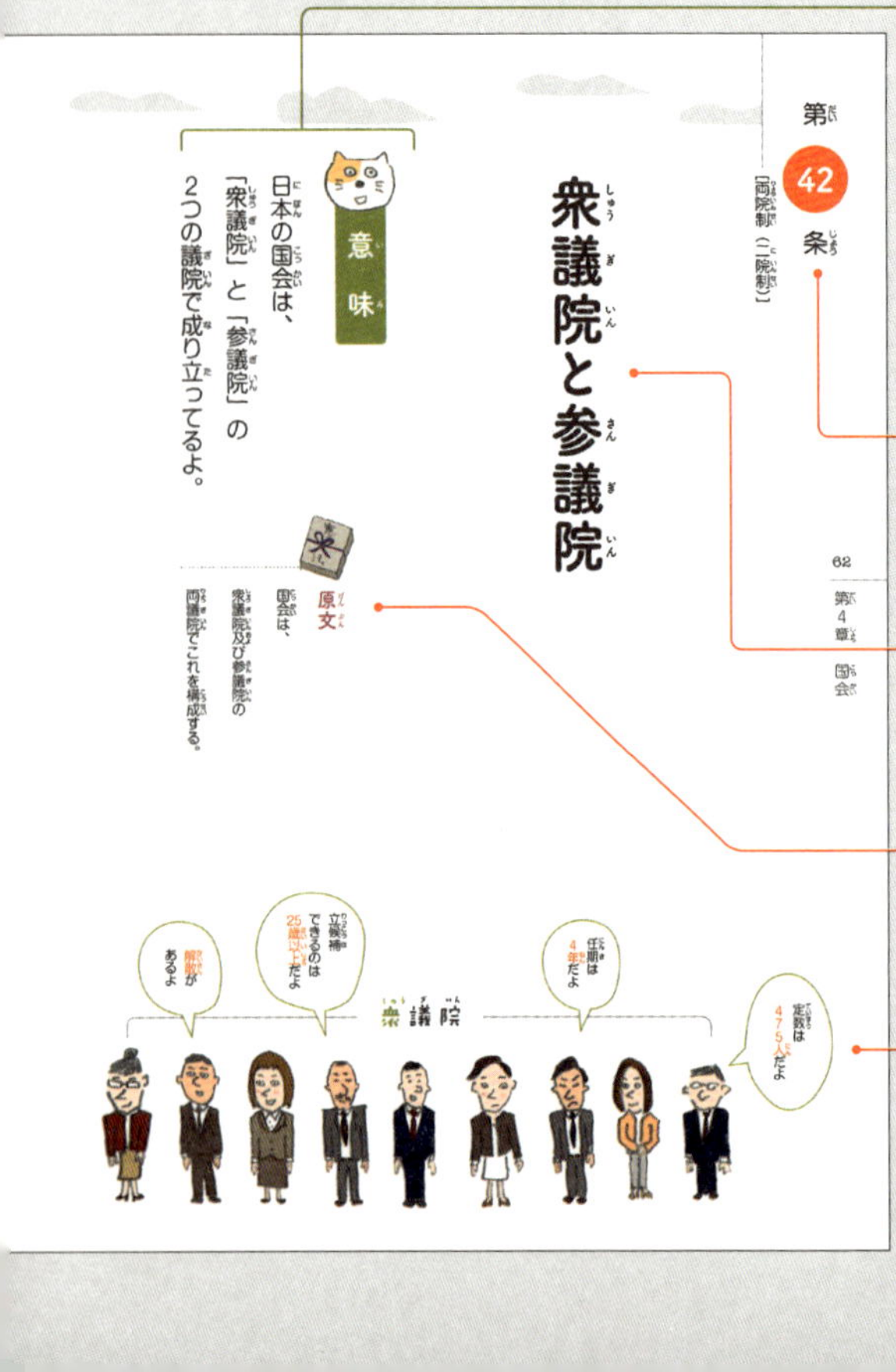

第42条
両院制（二院制）
衆議院と参議院

国会は、衆議院及び参議院の両議院でこれを構成する。
衆議院
解散があるよ
立候補できるのは25歳以上だよ
任期は4年だよ
定数は475人だよ
62
第4章 国会

猫太郎《ねこたろう》

猫太郎《ねこたろう》が日本国憲法《にほんこくけんぽう》に書《か》かれている内容《ないよう》をやさしい言《こと》葉《ば》でいいかえています。

何条《なんじょう》に当《あ》たる条文《じょうぶん》かを示《しめ》しています。

条文《じょうぶん》の内容《ないよう》をわかりやすい形《かたち》のタイトルにまとめています。

憲法《けんぽう》の原文《げんぶん》です。上《うえ》の意味《いみ》と1行《ぎょう》ずつついになっています。

イラストで条文《じょうぶん》のイメージを伝《つた》えるほか、憲法《けんぽう》にまつわるミニ知《ち》しきなども紹介《しょうかい》します。

日本の国会は、「衆議院」と「参議院」の2つの議院で成り立ってるよ。

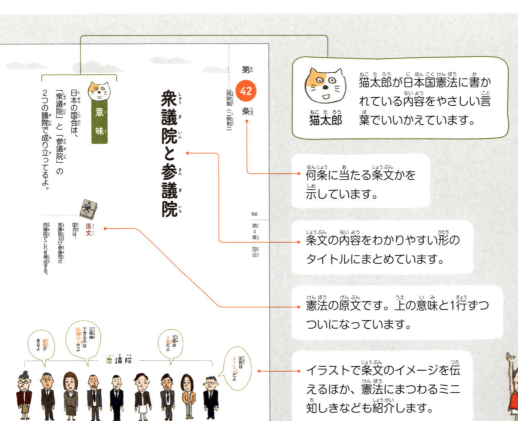

この本《ほん》の見方《みかた》

この本《ほん》では日本国憲法《にほんこくけんぽう》原文《げんぶん》の難《むずか》しい言葉《ことば》をとことんやさしい言《こと》葉《ば》におきかえて紹介《しょうかい》するのと同《どう》時《じ》に、その条文《じょうぶん》の深《ふか》い意味《いみ》や目《もく》的《てき》なども解説《かいせつ》しています。

南野《みなみの》先生《せんせい》

南野《みなみの》先生《せんせい》がそれぞれの条文《じょうぶん》についてやさしく説明《せつめい》してくれます。

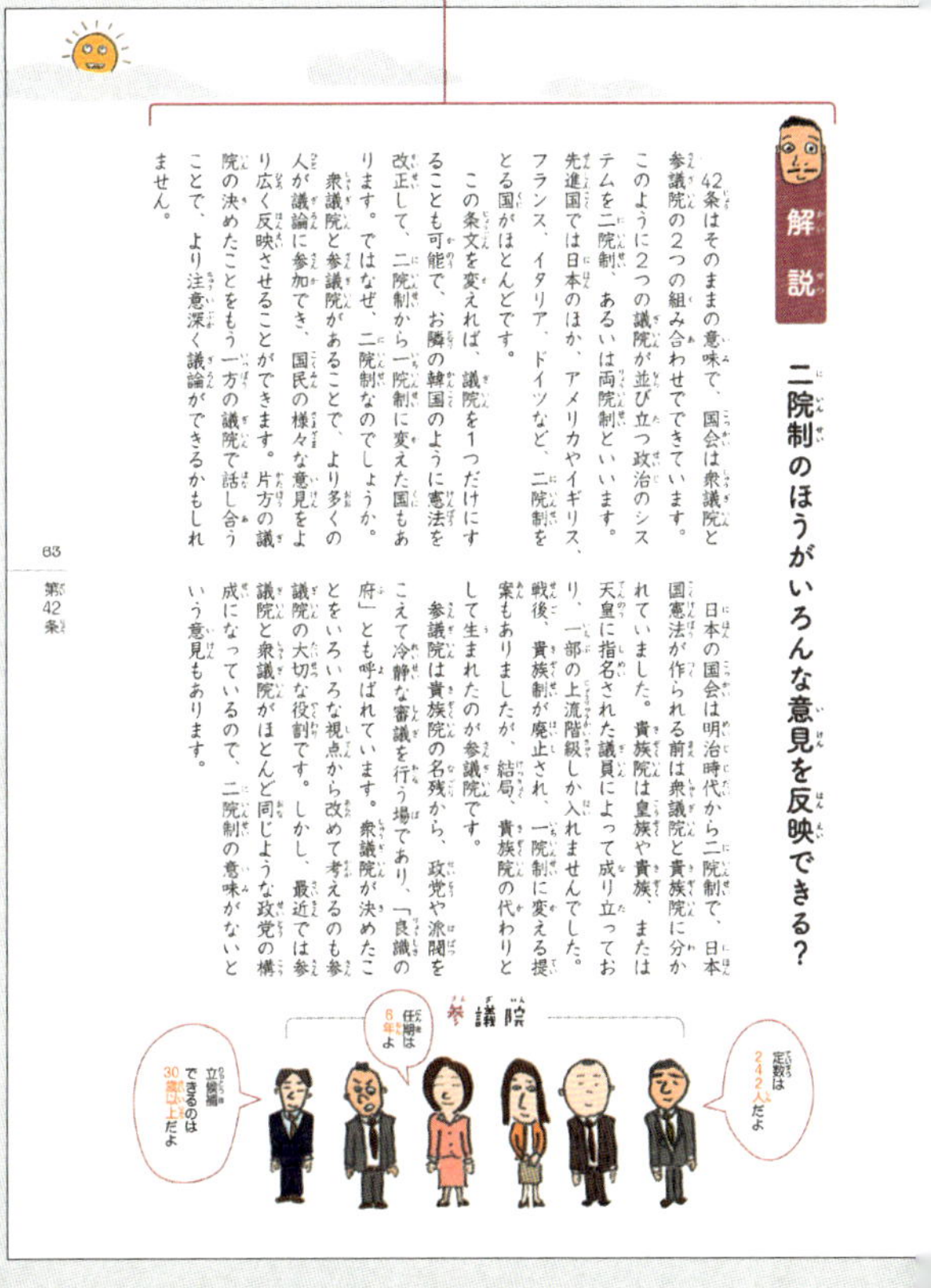

解説

二院制のほうがいろんな意見を反映できる？

42条はそのままの意味で、国会は衆議院と参議院の2つの組み合わせでできています。このように2つの議院が並び立つ政治のシステムを二院制、あるいは両院制といいます。先進国では日本のほか、アメリカやイギリス、フランス、イタリア、ドイツなど、二院制をとる国がほとんどです。

この条文を変えれば、議院を1つだけにすることも可能で、お隣の韓国のように憲法を改正して、二院制から一院制に変えた国もあります。ではなぜ、二院制なのでしょうか。

衆議院と参議院があることで、より多くの人が議論に参加でき、国民の様々な意見をより広く反映させることができます。片方の議院の決めたことをもう一方の議院で話し合うことで、より注意深く議論ができるかもしれません。

日本の国会は明治時代から二院制で、日本国憲法が作られる前は衆議院と貴族院に分かれていました。貴族院は皇族や貴族、または天皇に指名された議員によって成り立っており、一部の上流階級しか入れませんでした。

戦後、貴族制が廃止され、一院制に変える提案もありましたが、結局、貴族院の代わりとして生まれたのが参議院です。

参議院は貴族院の名残から、政党や派閥をこえて冷静な審議を行う場であり、「良識の府」とも呼ばれています。衆議院が決めたことをいろいろな視点から改めて考えるのも参議院の大切な役割です。しかし、最近では参議院と衆議院がほとんど同じような政党の構成になっているので、二院制の意味がないという意見もあります。

参議院
任期は6年よ
定数は242人だよ
立候補できるのは30歳以上だよ
83
第42条

憲《けん》法《ぽう》って何《なに》？

「法《ほう》」のなかでいちばんえらいもの

この本《ほん》では、みなさんといっしょに、日《に》本《ほん》国《こく》憲《けん》法《ぽう》について学《まな》んでいこうと思《おも》います。まずは「憲《けん》法《ぽう》って何《なに》なの？」というところから始《はじ》めていきましょう。

ものすごく簡《かん》単《たん》にいうと「国《くに》の仕《し》組《く》みを作《つく》り、動《うご》かすための大《おお》もとのルール」が憲《けん》法《ぽう》です。

こういうと「つまり、法《ほう》律《りつ》と同《おな》じものですか？」と聞《き》かれることがあります。たしかに同《おな》じ「法《ほう》」ではあるのですが、法《ほう》律《りつ》とはちがいます。いちばんのちがいは、「法《ほう》」としてのレベルです。「格《かく》」とか「位《くらい》」とか、表《ひょう》現《げん》はいろいろありますが、とにかく憲《けん》法《ぽう》の方《ほう》があっとう的《てき》にえらいんです。すべ

憲《けん》法《ぽう》は「法《ほう》」の最《さい》高《こう》位《い》。すべての法《ほう》律《りつ》は憲《けん》法《ぽう》に従《したが》うように作《つく》られます。

法《ほう》律《りつ》（国《こっ》会《かい》が定《さだ》める）
・民《みん》法《ぽう》　・刑《けい》法《ほう》　・国《こっ》会《かい》法《ほう》　…etc.

政《せい》令《れい》（内《ない》閣《かく》が定《さだ》める）

省《しょう》令《れい》（大《だい》臣《じん》が定《さだ》める）

条《じょう》例《れい》（地《ち》方《ほう》が定《さだ》める）

ての法律《ほうりつ》は憲法《けんぽう》にならって作《つく》られていますし、憲法《けんぽう》に反《はん》していれば無効《むこう》になってしまいます。

憲法《けんぽう》は公務員《こうむいん》に向《む》けられたルール

法律《ほうりつ》はすべての国民《こくみん》に向《む》けたルールですが、憲法《けんぽう》は公務員《こうむいん》に向《む》けたルールです。どうして公務員《こうむいん》かというと、憲法《けんぽう》は国《くに》の仕組《しく》みにかかわるルールでしたよね？　だから、政治家《せいじか》をはじめ、国《くに》を動《うご》かす仕事《しごと》をする公務員《こうむいん》が守《まも》らなくてはいけないのです。何《なに》しろ公務員《こうむいん》は、国《くに》を動《うご》かすだけの力《ちから》を持《も》っています。わたしたちに向《む》けたルールである法律《ほうりつ》を作《つく》ることだってできてしまうわけです。自分《じぶん》たちに都合《つごう》のよいことを好《す》き勝手《かって》にしてしまう可能性《かのうせい》もありますよね。憲法《けんぽう》はそういった国《くに》の力《ちから》、これを国家権力《こっかけんりょく》といいますが、それを制限《せいげん》することをいちばんの目的《もくてき》とした法《ほう》なのです。

憲法《けんぽう》を守《まも》らないといけない人《ひと》

公務員《こうむいん》が守《まも》るべきルールです。憲法《けんぽう》を守《まも》らせることで、国《くに》の力《ちから》をつかって自分《じぶん》たちに都合《つごう》のよいことをさせないようにします。

法律《ほうりつ》を守《まも》らないといけない人《ひと》

公務員《こうむいん》を含《ふく》め、国民《こくみん》すべてが守《まも》るルールです。法律《ほうりつ》は、社会生活《しゃかいせいかつ》をよりよくするために、わたしたちが選《えら》んだ国民《こくみん》の代表者《だいひょうしゃ》が作《つく》ります。

憲法《けんぽう》に込《こ》められたもの

今《いま》の日本国憲法《にほんこくけんぽう》が作《つく》られる前《まえ》には、大日本帝国憲法《だいにほんていこくけんぽう》（明治憲法《めいじけんぽう》）という憲法《けんぽう》がありました。この時代《じだい》、国《くに》の主役《しゅやく》は天皇《てんのう》で、すべての国民《こくみん》は天皇《てんのう》の配下《はいか》であるとされ、国家権力《こっかけんりょく》がとても強《つよ》く、今《いま》ほど国民《こくみん》に自由《じゆう》はありませんでした。やがては戦争《せんそう》を始《はじ》め、第二次世界大戦《だいにじせかいたいせん》で負《ま》けてしまうわけですが、今《いま》の憲法《けんぽう》には、日本《にほん》がまた戦争《せんそう》を起《お》こし、国民《こくみん》の自由《じゆう》をうばうような国《くに》にもどってしまわないように、という願《ねが》いが込《こ》められています。

つまり昔《むかし》のつらい経験《けいけん》から、今《いま》の憲法《けんぽう》は、わたしたち国民《こくみん》ひとりひとりが人間《にんげん》らしく生《い》き生《い》きと生活《せいかつ》していくことをいちばん重要《じゅうよう》なこととし、それをじゃまする可能性《かのうせい》のある国家権力《こっかけんりょく》を制限《せいげん》することを目的《もくてき》としています。憲法《けんぽう》が「法《ほう》」のなかでいちばんえらいものとしているのも、この目的《もくてき》を果《は》たすためなんですね。

国家権力《こっかけんりょく》の暴走《ぼうそう》を抑《おさ》え、
国民《こくみん》の自由《じゆう》や幸《しあわ》せを守《まも》る

明治時代《めいじじだい》の憲法《けんぽう》との違《ちが》い

戦前《せんぜん》の憲法《けんぽう》と今《いま》の憲法《けんぽう》では多《おお》くの内容《ないよう》がかわりました。たとえば、天皇《てんのう》が国《くに》の元首《げんしゅ》から象徴《しょうちょう》にかわり、軍隊《ぐんたい》をもたなくなりました。

日本国憲法《にほんこくけんぽう》の特《とく》ちょうとして3大原則《だいげんそく》というものがあります。それが、「国民主権《こくみんしゅけん》」（1条《じょう》）、「平和主義《へいわしゅぎ》」（9条《じょう》）、「基本的人権《きほんてきじんけん》の尊重《そんちょう》」（11条《じょう》）の3つです。みなさんも言葉《ことば》くらいは聞《き》いたことがあるかもしれませんね。

順番《じゅんばん》に説明《せつめい》していくと、まず「国民主権《こくみんしゅけん》」というのは、わたしたち国民《こくみん》が国《くに》や政治《せいじ》のあり方《かた》を決《き》める力《ちから》を持《も》っているということで、大日本帝国憲法《だいにほんていこくけんぽう》では主権《しゅけん》を天皇《てんのう》が持《も》っていました。つぎの「基本的人権《きほんてきじんけん》の尊重《そんちょう》」というのは、人間《にんげん》が生《う》まれながらに持《も》っている人間《にんげん》らしく生《い》きる権利《けんり》のことで、大日本帝国憲法《だいにほんていこくけんぽう》にはありませんでした。そし

日本国憲法《にっぽんこくけんぽう》と大日本帝国憲法《だいにほんていこくけんぽう》のおもな違《ちが》い

日本国憲法《にっぽんこくけんぽう》		大日本帝国憲法《だいにほんていこくけんぽう》
 国民《こくみん》	主権《しゅけん》	天皇《てんのう》 
 日本国《にほんこく》・日本国民《にほんこくみん》統合《とうごう》の象徴《しょうちょう》	天皇《てんのう》	国《くに》の元首《げんしゅ》 
 戦力《せんりょく》は保持《ほじ》しない（平和主義《へいわしゅぎ》、戦争《せんそう》の放棄《ほうき》）	軍隊《ぐんたい》	天皇《てんのう》が陸海軍《りくかいぐん》を統帥《とうすい》、兵役《へいえき》の義務《ぎむ》がある 

大日本帝国憲法《だいにほんていこくけんぽう》では、あらゆる権力《けんりょく》が天皇《てんのう》に集中《しゅうちゅう》していましたが、日本国憲法《にほんこくけんぽう》ではそれがなくなり、国民《こくみん》を主権者《しゅけんしゃ》としています。

て、「平和主義《へいわしゅぎ》」というのは、戦争《せんそう》は一切《いっさい》しませんし、争《あらそ》いごとがあっても武力《ぶりょく》ではなく、話《はな》し合《あ》いで解決《かいけつ》しましょうということで、もう二度《にど》と戦争《せんそう》を起《お》こさないという決意《けつい》そのものです。今《いま》では考《かんが》えられないことかもしれませんが、こんなあたり前《まえ》の大原則《だいげんそく》が昔《むかし》はありませんでした。

明治時代《めいじじだい》の憲法《けんぽう》と日本国憲法《にほんこくけんぽう》の違《ちが》いについては、12ページから始《はじ》まる各条文《かくじょうぶん》の解説《かいせつ》にも出《で》てきますので、しっかり読《よ》んでみてください。

さて、条文解説《じょうぶんかいせつ》にうつる前《まえ》に、日本国憲法《にほんこくけんぽう》の全体像《ぜんたいぞう》を紹介《しょうかい》します。左《ひだり》の図《ず》のように、前文《ぜんぶん》から始《はじ》まり、１０３の条文《じょうぶん》からなる11の章《しょう》が続《つづ》きます。この本では、この中《なか》からわたしたちとのかかわりが強《つよ》いものや、ぜひ知《し》っておいてもらいたい条文《じょうぶん》を中心《ちゅうしん》に、取《と》りあげていきます。

憲法《けんぽう》をきちんと理解《りかい》しておくことは本当《ほんとう》に大切《たいせつ》なことです。わたしたちはもちろん、わたしたちの子《こ》どもや孫《まご》、さらにその先《さき》へ続《つづ》く未来《みらい》の世代《せだい》のよりよい暮《く》らしへと憲法《けんぽう》はつながっているからです。

最近《さいきん》では、この憲法《けんぽう》を改正《かいせい》しようという声《こえ》が大《おお》きくなっているように感《かん》じられます。この本《ほん》を読《よ》んだあと、みなさんもじっくり考《かんが》えてみてください。

日《に》本《ほん》国《こく》憲《けん》法《ぽう》の章《しょう》立《だ》て

章《しょう》	条《じょう》文《ぶん》	テーマ
前《ぜん》文《ぶん》		憲《けん》法《ぽう》の意《い》義《ぎ》と目《もく》的《てき》
第《だい》1章《しょう》	1条《じょう》～8条《じょう》	天《てん》皇《のう》
第《だい》2章《しょう》	9条《じょう》	戦《せん》争《そう》の放《ほう》棄《き》
第《だい》3章《しょう》	10条《じょう》～40条《じょう》	国《こく》民《みん》の権《けん》利《り》及《およ》び義《ぎ》務《む》
第《だい》4章《しょう》	41条《じょう》～64条《じょう》	国《こっ》会《かい》
第《だい》5章《しょう》	65条《じょう》～75条《じょう》	内《ない》閣《かく》
第《だい》6章《しょう》	76条《じょう》～82条《じょう》	司《し》法《ほう》
第《だい》7章《しょう》	83条《じょう》～91条《じょう》	財《ざい》政《せい》
第《だい》8章《しょう》	92条《じょう》～95条《じょう》	地《ち》方《ほう》自《じ》治《ち》
第《だい》9章《しょう》	96条《じょう》	改《かい》正《せい》
第《だい》10章《しょう》	97条《じょう》～99条《じょう》	最《さい》高《こう》法《ほう》規《き》
第《だい》11章《しょう》	100条《じょう》～103条《じょう》	補《ほ》則《そく》

1946年《ねん》（昭和《しょうわ》21年《ねん》）11月《がつ》3日《か》に日本国憲法《にほんこくけんぽう》として国民《こくみん》に公表《こうひょう》して、
1947年《ねん》（昭和《しょうわ》22年《ねん》）5月《がつ》3日《か》にスタートしました。

前《ぜん》文《ぶん》

意《い》味《み》

わたしたち日本《にほん》の国民《こくみん》は、自分《じぶん》たちが選《えら》んだ国《こっ》会議員《かいぎいん》たちにわたしたちの代《か》わりに行動《こうどう》してもらうよ。わたしたちとその子《こ》どもたちのために、外《がい》国《こく》と仲《なか》よくして、自由《じゆう》に幸《しあわ》せに暮《く》らせるようにするし、悲《かな》しいことや不幸《ふこう》なことをたくさん生《う》み出《だ》す戦争《せんそう》は二度《にど》とくり返《かえ》さないよ。最後《さいご》に物事《ものごと》を決《き》めるのはわたしたち国民《こくみん》だってことを声《こえ》を大《だい》にしていうよ。それがこの憲法《けんぽう》なんだ。

原《げん》文《ぶん》

日本国民《にほんこくみん》は、正当《せいとう》に選挙《せんきょ》された国会《こっかい》における代表者《だいひょうしゃ》を通《つう》じて行動《こうどう》し、われらとわれらの子孫《しそん》のために、諸国民《しょこくみん》との協和《きょうわ》による成果《せいか》と、わが国全土《くにぜんど》にわたつて自由《じゆう》のもたらす恵沢《けいたく》を確保《かくほ》し、政府《せいふ》の行為《こうい》によつて再《ふたた》び戦争《せんそう》の惨禍《さんか》が起《おこ》ることのないやうにすることを決意《けつい》し、ここに主権《しゅけん》が国民《こくみん》に存《そん》することを宣言《せんげん》し、この憲法《けんぽう》を確定《かくてい》する。

そもそも国《くに》の政治《せいじ》は、わたしたち国民《こくみん》が信《しん》らいしたリーダーたちにたくしたものだよ。つまり、わたしたちが政治家《せいじか》にパワーをあたえているということだよ。だからそのパワーで手《て》に入《い》れられたよいものはわたしたちのもの。これは決《けっ》して特別《とくべつ》なことじゃなくて、当然《とうぜん》のルールだよね。この憲《けん》法《ぽう》はそんなあたりまえのルールを形《かたち》にしたものなんだ。この憲法《けんぽう》に反《はん》するような法律《ほうりつ》などは一切《いっさい》みとめないよ。

やっぱりいつまでも平和《へいわ》なのがいいよね。同《おな》じ人間《にんげん》どうし、仲よくやっていけると思《おも》うし、外国《がいこく》のみんなだって平和《へいわ》をあいしてるはずだよね。そんなみんなを信《しん》じて安全《あんぜん》に生《い》きていこうって心《こころ》に決《き》めたんだ。

わたしたちは平和《へいわ》を守《まも》り、だれかを支配《しはい》したり、

そもそも国政《こくせい》は、国民《こくみん》の厳粛《げんしゅく》な信託《しんたく》によるものであつて、その権威《けんい》は国民《こくみん》に由来《ゆらい》し、その権力《けんりょく》は国民《こくみん》の代表者《だいひょうしゃ》がこれを行使《こうし》し、その福利《ふくり》は国民《こくみん》がこれを享受《きょうじゅ》する。これは人類普《じんるいふ》遍《へん》の原理《げんり》であり、この憲法《けんぽう》は、かかる原理《げんり》に基《もと》くものである。われらは、これに反《はん》する一《いっ》切《さい》の憲法《けんぽう》、法令及《ほうれいおよ》び詔勅《しょうちょく》を排除《はいじょ》する。

日本国民《にほんこくみん》は、恒久《こうきゅう》の平和《へいわ》を念願《ねんがん》し、人間相《にんげんそう》互《ご》の関係《かんけい》を支配《しはい》する崇高《すうこう》な理想《りそう》を深《ふか》く自覚《じかく》するのであつて、平和《へいわ》を愛《あい》する諸国民《しょこくみん》の公正《こうせい》と信義《しんぎ》に信頼《しんらい》して、われらの安全《あんぜん》と生存《せいぞん》を保持《ほじ》しようと決意《けつい》した。

われらは、平和《へいわ》を維持《いじ》し、専制《せんせい》と隷従《れいじゅう》、圧《あっ》迫《ぱく》と偏狭《へんきょう》を地上《ちじょう》から永遠《えいえん》に除去《じょきょ》しようと努《つと》め

前《ぜん》文《ぶん》

だれかをどれいにしたり、差別《さべつ》したりすることをなくそうとがんばってる世界《せかい》の一員《いちいん》としてそんけいされたいと思《おも》っているよ。世界《せかい》のみんなが、平《びょう》等《どう》に、おびえることも飢《う》えることもなく、平和《へいわ》に生《い》きる権利《けんり》を持《も》っているんだ。

　どの国《くに》も、自分《じぶん》の国《くに》のことばかりに熱心《ねっしん》になって、ほかの国《くに》をむししちゃダメだよ。自分《じぶん》の国《くに》を、ほかの国《くに》と同《おな》じようにみとめてもらいたいなら、世界《せかい》のどこにでも通用《つうよう》するルールを守《まも》らなきゃね。

　今《いま》までいったことがぜんぶ本当《ほんとう》にできたらとてもいい国《くに》になると思《おも》わない？　わたしたちは、日《に》本《ほん》の名《な》にかけて、全力《ぜんりょく》でそうなるようにがんばることをちかうよ。

てゐる国際社会《こくさいしゃかい》において、名誉《めいよ》ある地位《ちい》を占《し》めたいと思《おも》ふ。われらは、全世界《ぜんせかい》の国民《こくみん》が、ひとしく恐怖《きょうふ》と欠乏《けつぼう》から免《まぬ》かれ、平和《へいわ》のうちに生存《せいぞん》する権利《けんり》を有《ゆう》することを確認《かくにん》する。

　われらは、いづれの国家《こっか》も、自国《じこく》のことのみに専念《せんねん》して他国《たこく》を無視《むし》してはならないのであつて、政治道徳《せいじどうとく》の法則《ほうそく》は、普遍的《ふへんてき》なものであり、この法則《ほうそく》に従《したが》ふことは、自国《じこく》の主権《しゅけん》を維持《いじ》し、他国《たこく》と対等関係《たいとうかんけい》に立《た》たうとする各国《かっこく》の責務《せきむ》であると信《しん》ずる。

　日本国民《にほんこくみん》は、国家《こっか》の名誉《めいよ》にかけ、全力《ぜんりょく》をあげてこの崇高《すうこう》な理想《りそう》と目的《もくてき》を達成《たっせい》することを誓《ちか》ふ。

解説《かいせつ》

日本《にほん》を"こうしたい"という思《おも》いが憲法《けんぽう》の前文《ぜんぶん》には示《しめ》されている

「日本《にほん》はこういう国《くに》を目指《めざ》すんだ」という思《おも》いが書《か》かれていますから、実《じつ》はとても重要《じゅうよう》だということもできるのです。

少《すこ》し長《なが》いですが、一度《いちど》ゆっくり読《よ》んでみてはどうでしょう。自分《じぶん》なりの「口語訳《こうごやく》」を作《つく》ってみるのもいいかもしれません。

前文《ぜんぶん》には、日本国憲法《にほんこくけんぽう》の大事《だいじ》なポイントが書《か》かれています。「国民主権《こくみんしゅけん》」、「平和主義《へいわしゅぎ》」、「基本的人権《きほんてきじんけん》の尊重《そんちょう》」の３つです。

「国民主権《こくみんしゅけん》」は、主権《しゅけん》が国《くに》や天皇《てんのう》ではなく、国民《こくみん》にあるということ。

「平和主義《へいわしゅぎ》」は、日本《にほん》はもう二度《にど》と戦争《せんそう》をしないということ。

「基本的人権《きほんてきじんけん》の尊重《そんちょう》」は、人《ひと》が生《う》まれながらにして持《も》っている権利《けんり》はだれであろうと守《まも》られるということ。

この３つは、日本国憲法《にほんこくけんぽう》の中《なか》でもとても大切《たいせつ》なポイントです。それが最初《さいしょ》にまとめられているのが、日本国憲法《にほんこくけんぽう》の前文《ぜんぶん》です。

実《じつ》はこの前文《ぜんぶん》は、あまり重要《じゅうよう》ではないと考《かんが》えている学者《がくしゃ》さんたちもいます。たしかに１条以降《じょういこう》の条文《じょうぶん》のように、権利《けんり》や義務《ぎむ》があるということではありません。ですが、前文《ぜんぶん》には

第《だい》1条《じょう》

〔天皇《てんのう》の地位《ちい》〕〔国民主権《こくみんしゅけん》〕

天《てん》皇《のう》の身《み》分《ぶん》や立《たち》場《ば》について

意《い》味《み》

天皇《てんのう》は日本《にほん》と日本《にほん》の国民全体《こくみんぜんたい》のシンボルだよ。これは国民《こくみん》みんなが、主権者《しゅけんしゃ》として、決《き》めることなんだよ。

原文《げんぶん》

天皇《てんのう》は、日本国《にほんこく》の象徴《しょうちょう》であり日本国民統合《にほんこくみんとうごう》の象徴《しょうちょう》であつて、この地位《ちい》は、主権《しゅけん》の存《そん》する日本国民《にほんこくみん》の総意《そうい》に基《もと》く。

解説《かいせつ》

天皇《てんのう》は日本《にほん》と日本国民《にほんこくみん》の象徴《しょうちょう》

明治時代《めいじじだい》に作《つく》られた明治憲法《めいじけんぽう》では「天皇主《てんのうしゅ》権《けん》」といって、天皇《てんのう》が最《もっと》もえらく、強《つよ》い立場《たちば》にありました。天皇《てんのう》が何《なに》より大事《だいじ》でしたから、明治憲法《めいじけんぽう》では天皇《てんのう》が最初《さいしょ》に登場《とうじょう》します。

今《いま》の日本国憲法《にほんこくけんぽう》は、明治憲法《めいじけんぽう》を改《あらた》めて作《つく》ったものです。条文《じょうぶん》の書《か》き方《かた》や並《なら》び方《かた》が似《に》ており、日本国憲法《にほんこくけんぽう》でも天皇《てんのう》のことが1条《じょう》に書《か》かれているのはそのためです。しかし、その内《ない》容《よう》はというと、まったく違《ちが》うものになっています。

明治憲法《めいじけんぽう》では、天皇《てんのう》は主権者《しゅけんしゃ》、つまり日本《にほん》のトップという立場《たちば》にありました。ですが、日本国憲法《にほんこくけんぽう》における天皇《てんのう》は、国《くに》のトップとは書《か》かれていません。国《くに》のトップではないのならば、天皇《てんのう》はどのような立場《たちば》なのでしょうか？　日本国憲法《にほんこくけんぽう》では「象徴《しょうちょう》」とされています。日本国《にほんこく》と日本国民《にほんこくみん》の両方《りょうほう》にとってのシンボルということです。

明治憲法《めいじけんぽう》では主権《しゅけん》は天皇《てんのう》にありましたが、日本国憲法《にほんこくけんぽう》では天皇《てんのう》にありません。外国《がいこく》からえらい人《ひと》が来《き》たときに会談《かいだん》をするといった公《こう》務《む》を行《おこな》うことはありますが、明治憲法《めいじけんぽう》の時代《じだい》のような権力《けんりょく》は持《も》っていないのです。

では、かつて天皇《てんのう》にあった主権《しゅけん》はだれにあるのかというと、それはわたしたち日本国民《にほんこくみん》です。これを国民主権《こくみんしゅけん》といいます。天皇《てんのう》の地《ち》位《い》は国民《こくみん》が最終的《さいしゅうてき》に決《き》められることになるので、実《じつ》は非常《ひじょう》にこわい条文《じょうぶん》でもあるのです。

第《だい》2条《じょう》
【皇位《こうい》の継承《けいしょう》】

天皇《てんのう》の位《くらい》を受《う》けつぐ人《ひと》について

意味《いみ》

天皇《てんのう》の位《くらい》は
親《おや》から子《こ》どもに受《う》けつがれるんだ。
くわしいことは国会《こっかい》が定《さだ》めた
「皇室典範《こうしつてんぱん》」という法律《ほうりつ》で
決《き》められているんだよ。

原文《げんぶん》

皇位《こうい》は、
世襲《せしゅう》のものであつて、
国会《こっかい》の議決《ぎけつ》した
皇室典範《こうしつてんぱん》の定《さだ》めるところにより、
これを継承《けいしょう》する。

解説《かいせつ》

皇室典範《こうしつてんぱん》が改正《かいせい》されれば 女性天皇《じょせいてんのう》が誕生《たんじょう》するかもしれない

原文《げんぶん》の〝皇位《こうい》〟とは、天皇《てんのう》の位《くらい》という意味《いみ》で、〝世襲《せしゅう》〟とは、その人《ひと》の地位《ちい》や財産《ざいさん》などを血《ち》のつながった子《こ》や孫《まご》が受《う》けつぐことをいいます。

日本国憲法《にほんこくけんぽう》で世襲《せしゅう》がみとめられているのは天皇《てんのう》の地位《ちい》だけです。

明治憲法《めいじけんぽう》では、皇位《こうい》は男性《だんせい》だけが世襲《せしゅう》できるとなっていましたが、日本国憲法《にほんこくけんぽう》にそういうことは書《か》かれていません。では女性《じょせい》でも天《てん》皇《のう》になれるのかというと、憲法《けんぽう》が天皇家《てんのうけ》についてのルールとしてあげている「皇室典範《こうしつてんぱん》」という法律《ほうりつ》では「血《ち》のつながりのある男性《だんせい》」だけとされています。そのため現在《げんざい》は女性《じょせい》が天皇《てんのう》になることはできませんが、この皇室典《こうしつてん》範《ぱん》を改正《かいせい》すれば、憲法上《けんぽうじょう》は女性《じょせい》が天皇《てんのう》になることもできるのです。

皇室典範《こうしつてんぱん》は明治憲法《めいじけんぽう》が作《つく》られたときからあった法《ほう》です。天皇家《てんのうけ》のルールは臣民《しんみん》（当時《とうじ》は国民全員《こくみんぜんいん》が天皇《てんのう》の家来《けらい》とされていました）には関係《かんけい》ないということで、法律《ほうりつ》ではなく「典《てん》範《ぱん》」という聞《き》きなれない名前《なまえ》があてられました。現在《げんざい》の皇室典範《こうしつてんぱん》は、名前《なまえ》こそ戦前《せんぜん》と同《おな》じですが、ふつうの法律《ほうりつ》です。

少《すこ》し前《まえ》に話題《わだい》になった天皇《てんのう》の生前退位《せいぜんたいい》（生《い》きているうちに位《くらい》を退《しりぞ》いて次《つぎ》にゆずること）は、明治憲法《めいじけんぽう》でも日本国憲法《にほんこくけんぽう》でも想定《そうてい》されていませんでした。そこで、２０１７年《ねん》６月《がつ》、皇室典範《こうしつてんぱん》の例外《れいがい》を定《さだ》める法律《ほうりつ》を作《つく》って、これをみとめることにしました。

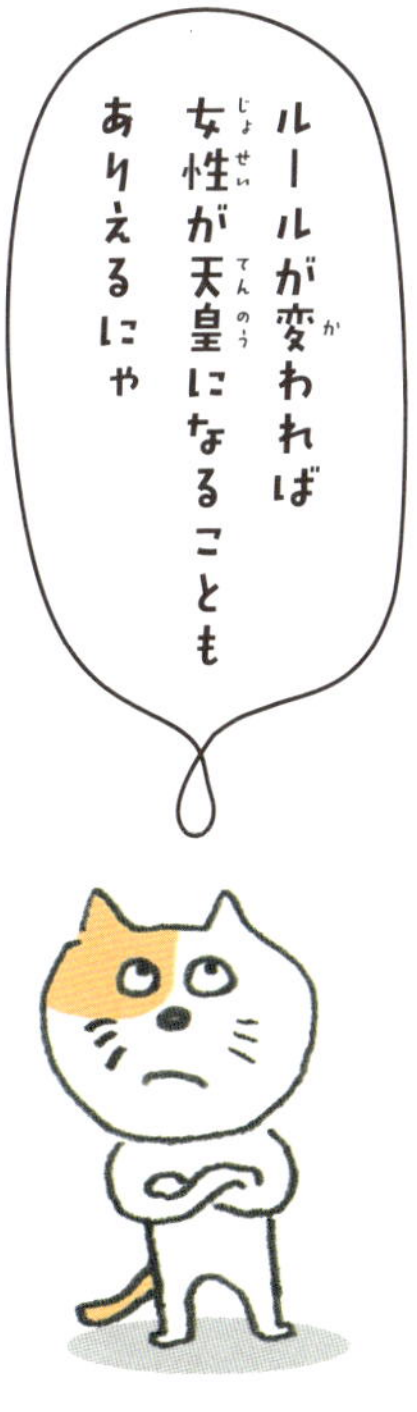

第《だい》3・4条《じょう》

天《てん》皇《のう》が行《おこな》うこと

〔天皇《てんのう》の国事行為《こくじこうい》に対《たい》する内閣《ないかく》の助言《じょげん》と承認《しょうにん》〕〔天皇《てんのう》の権能《けんのう》〕〔国事行為《こくじこうい》の委任《いにん》〕

意《い》味《み》

〈第《だい》3条《じょう》〉

天皇《てんのう》が国《くに》のためにすることには、
内閣《ないかく》のアドバイスとチェックが必要《ひつよう》だよ。
そして、天皇《てんのう》がすることについてのせきにんは内閣《ないかく》にあるよ。

〈第《だい》4条《じょう》〉

①天皇《てんのう》はこの憲法《けんぽう》で決《き》められている国事《こくじ》に関《かん》することだけをするよ。
天皇《てんのう》は国《くに》の政治《せいじ》に関《かか》わる権利《けんり》を持《も》っていないんだ。
②また、天皇《てんのう》は法律《ほうりつ》のルールにより、
国事《こくじ》に関《かん》することをほかの人《ひと》にまかせることができるよ。

原《げん》文《ぶん》

第三条《だいさんじょう》

天皇《てんのう》の国事《こくじ》に関《かん》するすべての行為《こうい》には、
内閣《ないかく》の助言《じょげん》と承認《しょうにん》を必要《ひつよう》とし、
内閣《ないかく》が、その責任《せきにん》を負《お》ふ。

第四条《だいよんじょう》

①天皇《てんのう》は、この憲法《けんぽう》の定《さだ》める国事《こくじ》に
関《かん》する行為《こうい》のみを行《おこな》ひ、
国政《こくせい》に関《かん》する権能《けんのう》を有《ゆう》しない。
②天皇《てんのう》は、法律《ほうりつ》の定《さだ》めるところにより、
その国事《こくじ》に関《かん》する行為《こうい》を委任《いにん》することができる。

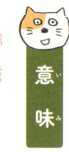

解説《かいせつ》

天皇《てんのう》に権力《けんりょく》が集中《しゅうちゅう》しないようにするのが目的《もくてき》

3条《じょう》は、4条《じょう》と一緒《いっしょ》に見《み》ると、日本国憲法《にほんこくけんぽう》が何《なに》をいいたいのかをより理解《りかい》しやすくなります。

「国事《こくじ》」については22ページからの7条《じょう》で説明《せつめい》しますが、3条《じょう》のポイントとしては、天皇《てんのう》の国事《こくじ》に関《かん》する行為《こうい》には、必《かなら》ず内閣《ないかく》が関係《かんけい》し、内閣《ないかく》がその責任《せきにん》を負《お》わなければならないということです。内閣《ないかく》とは、国《くに》の行政権《ぎょうせいけん》（政治《せいじ》を行《おこな》う権利《けんり》）を担当《たんとう》する最高機関《さいこうきかん》です。内閣総理大臣《ないかくそうりだいじん》をはじめ、ほかの国務大臣《こくむだいじん》によって組織《そしき》されます。

4条《じょう》がいいたいことは2つあります。1つは「天皇《てんのう》が行《おこな》うのは国事《こくじ》に関《かん》する行為《こうい》のみである」ということ、もう1つは「天皇《てんのう》は国政《こくせい》に関《かか》われない」ということです。

これが日本国憲法《にほんこくけんぽう》の特色《とくしょく》で、天皇《てんのう》が政治的《せいじてき》な権限《けんげん》を持《も》てないようにしています。天皇《てんのう》がしてもよいのは、憲法《けんぽう》で定《さだ》められた国事行為《こくじこうい》だけ。天皇《てんのう》のできることを限定《げんてい》するという憲法《けんぽう》なのです。

ではなぜ、天皇《てんのう》を政治《せいじ》に関《かか》われないようにしたのでしょうか。それは権力《けんりょく》の集中《しゅうちゅう》を防《ふせ》ぐためです。権力《けんりょく》がひとりだけのものになると、とても危《あぶ》ないのでやめましょうということなのです。また、戦前《せんぜん》のように、天皇《てんのう》が政治家《せいじか》などに「政治利用《せいじりよう》」されてしまわないように、とのねらいもあります。

こういうのは
ふせがないと
いけにゃいんだ

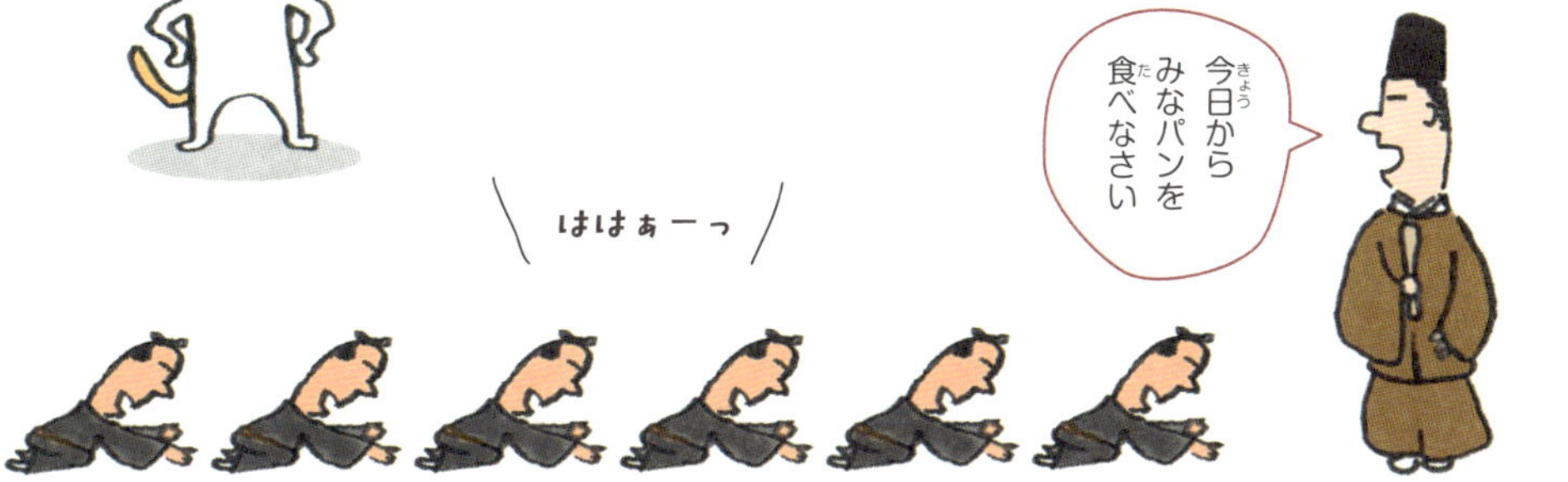
今日《きょう》から
みなパンを
食《た》べなさい
ははぁーっ

第《だい》7条《じょう》

〔天皇《てんのう》の国事行為《こくじこうい》〕

天皇《てんのう》が行《おこな》う具体的《ぐたいてき》な仕事内容《しごとないよう》

意《い》味《み》

天皇《てんのう》は、内閣《ないかく》からのアドバイスとチェックを受《う》けながら、国《くに》に関《かん》する次《つぎ》のことをするよ。

1 憲法《けんぽう》の変更《へんこう》、新《あたら》しい法律《ほうりつ》や政令《せいれい》、条約《じょうやく》をみんなに知《し》らせること。

原文《げんぶん》

天皇《てんのう》は、内閣《ないかく》の助言《じょげん》と承認《しょうにん》により、国民《こくみん》のために、左《さ》の国事《こくじ》に関《かん》する行為《こうい》を行《おこな》ふ。

一《いち》 憲法改正《けんぽうかいせい》、法律《ほうりつ》、政令及《せいれいおよ》び条約《じょうやく》を公布《こうふ》すること。

2　国会議員《こっかいぎいん》を集《あつ》め、国会《こっかい》を開《ひら》くこと。

3　衆議院《しゅうぎいん》を解散《かいさん》すること。

4　国会議員《こっかいぎいん》の選挙《せんきょ》が行《おこな》われることをみんなに知《し》らせること。

5　大臣《だいじん》や特別《とくべつ》な公務員《こうむいん》の任命《にんめい》や辞任《じにん》をかくにんすること。全権委任状《ぜんけんいにんじょう》をかくにんすること。大使《たいし》と公使《こうし》の信任状《しんにんじょう》をかくにんすること。

6　罪《つみ》を犯《おか》した人《ひと》の罰《ばつ》を、特別《とくべつ》に減《へ》らしたりなくしたりするのをかくにんすること。

7　くん章《しょう》やほう章《しょう》をさずけること。

8　日本《にほん》と外国《がいこく》との約束《やくそく》が書《か》かれた大切《たいせつ》な書類《しょるい》をかくにんすること。

9　外国《がいこく》からの大使《たいし》と公使《こうし》をもてなすこと。

10　儀式《ぎしき》を行《おこな》うこと。

二《に》　国会《こっかい》を召集《しょうしゅう》すること。

三《さん》　衆議院《しゅうぎいん》を解散《かいさん》すること。

四《し》　国会議員《こっかいぎいん》の総選挙《そうせんきょ》の施行《しこう》を公示《こうじ》すること。

五《ご》　国務大臣《こくむだいじん》及《およ》び法律《ほうりつ》の定《さだ》めるその他《た》の官吏《かんり》の任免《にんめん》並《なら》びに全権委任状《ぜんけんいにんじょう》及《およ》び大使《たいし》及《およ》び公使《こうし》の信任状《しんにんじょう》を認証《にんしょう》すること。

六《ろく》　大赦《たいしゃ》、特赦《とくしゃ》、減刑《げんけい》、刑《けい》の執行《しっこう》の免除《めんじょ》及《およ》び復権《ふっけん》を認証《にんしょう》すること。

七《しち》　栄典《えいてん》を授与《じゅよ》すること。

八《はち》　批准書《ひじゅんしょ》及《およ》び法律《ほうりつ》の定《さだ》めるその他《た》の外交文書《がいこうぶんしょ》を認証《にんしょう》すること。

九《きゅう》　外国《がいこく》の大使《たいし》及《およ》び公使《こうし》を接受《せつじゅ》すること。

十《じゅう》　儀式《ぎしき》を行《おこな》ふこと。

解《かい》説《せつ》

天皇《てんのう》が行《おこな》うのは憲法上《けんぽうじょう》は国事行為《こくじこうい》だけ

7条《じょう》では先《さき》ほどの「国事行為《こくじこうい》」が、具体的《ぐたいてき》にどういうものかを示《しめ》しています。7条《じょう》の1号《ごう》は、国会《こっかい》で決《き》まった法律《ほうりつ》などを一般市民《いっぱんしみん》にまで広《ひろ》く知《し》らせる（＝公布《こうふ》）ということです。この公布《こうふ》は伝統的《でんとうてき》に国《くに》のトップが行《おこな》うことなんですね。アメリカでも最終的《さいしゅうてき》に公布《こうふ》をするのは、国《くに》のリーダーである大統領《だいとうりょう》です。

日本国憲法《にほんこくけんぽう》では天皇《てんのう》が公布《こうふ》をすることになっていますが、7条《じょう》の条文《じょうぶん》に「内閣《ないかく》の助言《じょげん》と承認《しょうにん》により」と書《か》いてあり、天皇《てんのう》は公布《こうふ》することしかできません。4条《じょう》にあるとおり、天皇《てんのう》は国政《こくせい》に関《かん》する権能《けんのう》を持《も》たないので、もしも天皇《てんのう》が「この法律《ほうりつ》はイヤだな」と思《おも》っても公布《こうふ》を拒否《きょひ》することはできず、内閣《ないかく》のいうとおりにしなければなりません。

7条《じょう》の2～10号《ごう》の仕事《しごと》も同《おな》じです。国会《こっかい》を召集《しょうしゅう》するのも、衆議院《しゅうぎいん》を解散《かいさん》するのも、実際《じっさい》に決《き》めるのは内閣《ないかく》で、天皇《てんのう》ではありません。国会《こっかい》を召集《しょうしゅう》する場合《ばあい》は、天皇《てんのう》は「国会召集《こっかいしょうしゅう》の詔書《しょうしょ》」というものに名前《なまえ》を書《か》いてハンコを押《お》します。その公表後《こうひょうご》、天皇《てんのう》が参議院《さんぎいん》にある玉座《ぎょくざ》にやってきて、国会《こっかい》の開会式《かいかいしき》が行《おこな》われます。

外交《がいこう》の仕事《しごと》をする大使《たいし》と公使《こうし》の信任《しんにん》や彼《かれ》らに国際会議《こくさいかいぎ》などの交渉《こうしょう》・決定《けってい》を任《まか》せるとする全権委任《ぜんけんいにん》の証明《しょうめい》、刑罰《けいばつ》を軽《かる》くすることにしても、くん章《しょう》のじゅよにしても、すでに別《べつ》の組織《そしき》が決定《けってい》したものに対《たい》して、名前《なまえ》を書《か》いてハンコを押《お》すだけです。これが天皇《てんのう》の行《おこな》う具体的《ぐたいてき》な「国事行為《こくじこうい》」です。本来《ほんらい》、天皇《てんのう》の仕事《しごと》はこれだけですが、テレビなどで見《み》る被災地訪問《ひさいちほうもん》など、憲法《けんぽう》には書《か》かれていない「公務《こうむ》」もこなしています。

ちょっとひとやすみ

皇《こう》室《しつ》典《てん》範《ぱん》って何《なに》？

日本国憲法《にほんこくけんぽう》以外《いがい》で天皇《てんのう》についてのルールが書《か》かれている「皇室典範《こうしつてんぱん》」をもう少《すこ》し紹介《しょうかい》しましょう。

19ページでも話《はな》したように「天皇《てんのう》の位《くらい》を受《う》けつぐのは、血《ち》のつながりのある男性《だんせい》である」と皇室典範《こうしつてんぱん》にありますが、どの男性《だんせい》が天《てん》皇《のう》の位《くらい》を受《う》けつぐのかという順番《じゅんばん》もここで決《き》まっています。まず、天皇《てんのう》の長男《ちょうなん》である皇長《こうちょう》子《し》。皇長子《こうちょうし》がいない場合《ばあい》は、皇長孫《こうちょうそん》（天皇《てんのう》の長男《ちょうなん》の長男《ちょうなん》）が天皇《てんのう》になります。

天皇《てんのう》の一族《いちぞく》である「皇族《こうぞく》」もまた、皇后《こうごう》（天皇《てんのう》の奥《おく》さん）、太皇太后《たいこうたいごう》（先々代《せんせんだい》の皇后《こうごう》）、皇太后《こうたいごう》（先代《せんだい》の皇后《こうごう》）、親王《しんのう》（天皇《てんのう》の男《おとこ》の子《こ》ども、孫《まご》）、親王妃《しんのうひ》（親王《しんのう》の奥《おく》さん）、内親王《ないしんのう》（天皇《てんのう》の女《おんな》の子《こ》ども、孫《まご》）、王《おう》（天皇《てんのう》の男《おとこ》のひ孫《まご》）、王妃《おうひ》（王《おう》の奥《おく》さん）、女王《じょおう》（天皇《てんのう》の女《おんな》のひ孫《まご》）と皇室典範《こうしつてんぱん》で決《き》められています。

ちなみに天皇《てんのう》は皇族《こうぞく》には含《ふく》まれず、天皇《てんのう》を含《ふく》んだ皇族《こうぞく》は「皇室《こうしつ》」といいます。

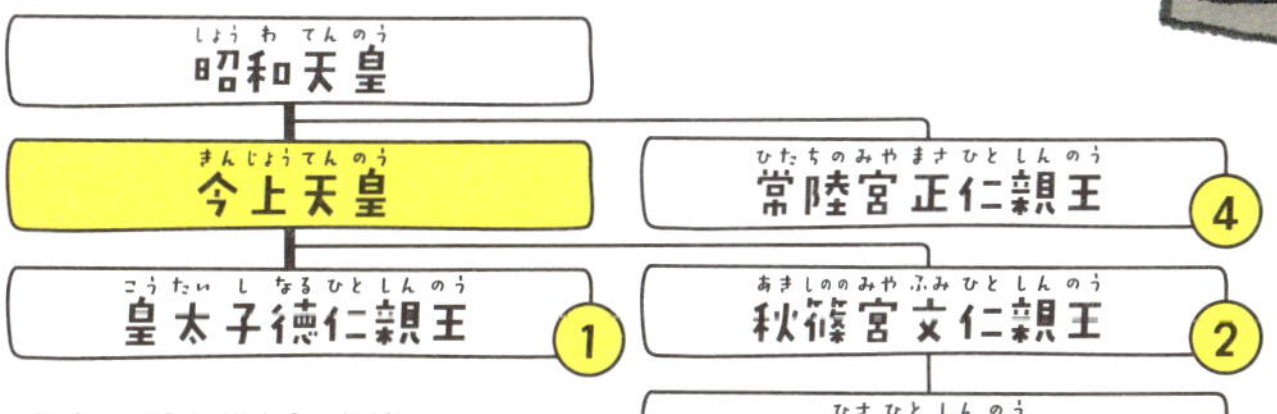

現在《げんざい》の皇位継承《こういけいしょう》の順序《じゅんじょ》

第《だい》9条《じょう》
［戦争《せんそう》の放棄《ほうき》］［戦力《せんりょく》の不《ふ》保持《ほじ》］

戦《せん》争《そう》はしません

意《い》味《み》

①わたしたち国民《こくみん》は、世界《せかい》が正《ただ》しい道《みち》を歩《あゆ》み、
平和《へいわ》がいつまでも続《つづ》くことを願《ねが》っているよ。
だから、外国《がいこく》とのもめごとを解決《かいけつ》するために、
日本《にほん》が外国《がいこく》と戦争《せんそう》をしたり、
武力《ぶりょく》でおどしたり、武器《ぶき》を使《つか》ったりすることは、
これからもずっとしないんだよ。

②この目的《もくてき》を果《は》たすため、日本《にほん》は、
陸軍《りくぐん》・海軍《かいぐん》・空軍《くうぐん》などの軍隊《ぐんたい》を持《も》たないよ。
そして、日本《にほん》は戦争《せんそう》をする権利《けんり》も持《も》たないんだよ。

原文《げんぶん》

①日本国民《にほんこくみん》は、正義《せいぎ》と秩序《ちつじょ》を基調《きちょう》とする
国際平和《こくさいへいわ》を誠実《せいじつ》に希求《ききゅう》し、
国権《こっけん》の発動《はつどう》たる戦争《せんそう》と、
武力《ぶりょく》による威嚇《いかく》又《また》は武力《ぶりょく》の行使《こうし》は、
国際紛争《こくさいふんそう》を解決《かいけつ》する手段《しゅだん》としては、
永久《えいきゅう》にこれを放棄《ほうき》する。

②前項《ぜんこう》の目的《もくてき》を達《たっ》するため、
陸海空軍《りくかいくうぐん》その他《た》の戦力《せんりょく》は、これを保持《ほじ》しない。
国《くに》の交戦権《こうせんけん》は、これを認《みと》めない。

解《かい》説《せつ》

恐《おそ》ろしい戦争《せんそう》を繰《く》り返《かえ》さないために

9条《じょう》の前半《ぜんはん》（①）は「戦争放棄《せんそうほうき》」を定《さだ》めた条文《じょうぶん》といわれています。「国際紛争《こくさいふんそう》を解決《かいけつ》する…」とは侵略戦争《しんりゃくせんそう》のことで、ほかの国《くに》へ出《で》かけていって、武力《ぶりょく》で侵略《しんりゃく》するような戦争《せんそう》をしてはならないという意味《いみ》です。侵略戦争《しんりゃくせんそう》の放棄《ほうき》は、ほかの国《くに》の憲法《けんぽう》にもあり、日本《にほん》の憲《けん》法《ぽう》だけが特別《とくべつ》というわけではありません。

しかし、日本《にほん》から攻《せ》めるのではなく、ほかの国《くに》から攻《せ》められた場合《ばあい》はどうなるのでしょうか。その場合《ばあい》、国《くに》を守《まも》るために戦《たたか》うことになります。これを自衛《じえい》のための戦争《せんそう》といいますが、それに関《かん》しては放棄《ほうき》していないというのが、日本政府《にほんせいふ》の解釈《かいしゃく》です。

ここで重要《じゅうよう》となるのが、後半《こうはん》（②）の内容《ないよう》です。そこには戦力《せんりょく》を保持《ほじ》しないとハッキリ書《か》かれていますよね。仮《かり》に戦力《せんりょく》を本当《ほんとう》に保持《ほじ》していないと、ほかの国《くに》が攻《せ》めてきたときに守《まも》ることができません。しかし実際《じっさい》には、日《に》本《ほん》には自衛隊《じえいたい》という実力組織《じつりょくそしき》があります。

政府《せいふ》は自衛隊《じえいたい》を「戦力《せんりょく》」にはあたらないから憲法違反《けんぽういはん》ではないと考《かんが》えています。仮《かり》に憲《けん》法違反《ぽういはん》にあたるとしても、9条《じょう》を改正《かいせい》して、後半《こうはん》だけを変《か》えればいいという考《かんが》え方《かた》もあります。ただそうすると軍隊《ぐんたい》への歯止《はど》めがなくなるのではないかと心配《しんぱい》する意見《いけん》もあります。

9条《じょう》は、軍備《ぐんび》（戦力《せんりょく》）に頼《たよ》らずに世界平和《せかいへいわ》を達成《たっせい》しようという理想《りそう》のもとに作《つく》られました。それだけ戦争《せんそう》が多《おお》くの人《ひと》の命《いのち》をうばった恐《おそ》ろしいものだからです。

第《だい》11条《じょう》

【基本的人権《きほんてきじんけん》の享有《きょうゆう》】

人《ひと》が生《う》まれながらにして持《も》つ権利《けんり》

意《い》味《み》

日本《にほん》の国民《こくみん》には生《う》まれたときから
人間《にんげん》らしく自由《じゆう》に生《い》きる権利《けんり》が
あたえられているんだよ。
この権利《けんり》は、未来《みらい》の人《ひと》たちにも
変《か》わることなくあたえられ続《つづ》けていく
当《あ》たり前《まえ》のもので、たとえ国《くに》であっても
うばうことはできないものだよ。

原文《げんぶん》

国民《こくみん》は、
すべての基本的人権《きほんてきじんけん》の
享有《きょうゆう》を妨《さまた》げられない。
この憲法《けんぽう》が
国民《こくみん》に保障《ほしょう》する基本的人権《きほんてきじんけん》は、
侵《おか》すことのできない永久《えいきゅう》の権利《けんり》として、
現在《げんざい》及《およ》び将来《しょうらい》の国民《こくみん》に与《あた》へられる。

解《かい》説《せつ》

基《き》本《ほん》的《てき》人《じん》権《けん》は永《えい》久《きゅう》の権《けん》利《り》

憲法《けんぽう》は国家《こっか》の権力《けんりょく》のあり方《かた》を決《き》めると同時《どうじ》に、国民《こくみん》の権利《けんり》を守《まも》ろうという目的《もくてき》で作《つく》られたものです。「国民《こくみん》の権利《けんり》=人権《じんけん》は守《まも》られなくてはならない」ということが、10条《じょう》から始《はじ》まる第《だい》3章《しょう》には書《か》かれています。

基本的人権《きほんてきじんけん》とは、人間《にんげん》が生《う》まれながらにして当《あ》たり前《まえ》に持《も》っている基本的《きほんてき》な権利《けんり》であり、人《ひと》が人《ひと》らしく生《い》きる権利《けんり》のことです。国籍《こくせき》や性別《せいべつ》、学歴《がくれき》、収入《しゅうにゅう》、どこで生《う》まれたかといったことは一切関係《いっさいかんけい》ありません。

明治憲法《めいじけんぽう》では、基本的人権《きほんてきじんけん》は十分《じゅうぶん》に尊重《そんちょう》されていませんでした。この反省《はんせい》から日本国憲《にほんこくけん》法《ぽう》では、基本的人権《きほんてきじんけん》をとても大事《だいじ》なものとして扱《あつか》っています。

また明治憲法《めいじけんぽう》では「国民《こくみん》」ではなく「臣《しん》民《みん》」の権利《けんり》・義務《ぎむ》と書《か》いてありました。臣民《しんみん》とは天皇《てんのう》の配下《はいか》という意味《いみ》です。トップに天《てん》皇《のう》がいて、その下《した》にほかの人《ひと》がいるというように、明《あき》らかに差《さ》をつけられていました。

日本国憲法《にほんこくけんぽう》では、その差《さ》を否定《ひてい》しています。天皇《てんのう》の配下《はいか》としての権利《けんり》や義務《ぎむ》ではなく、国《こ》民《みん》としてひとりひとりが平等《びょうどう》に人権《じんけん》を持《も》っています。

わたしたちが持《も》つ基本的人権《きほんてきじんけん》は、だれもうばうことはできない。そしてそれはわたしたちだけでなく、子《こ》や孫《まご》、その先《さき》の世代《せだい》の人《ひと》たちにも永久《えいきゅう》に保障《ほしょう》されるのです。

第《だい》12条《じょう》

［自由《じゆう》と権利《けんり》を保持《ほじ》する努力義務《どりょくぎむ》］［公共《こうきょう》の福祉《ふくし》のために利用《りよう》する責任《せきにん》］

自《じ》由《ゆう》と権《けん》利《り》を守《まも》るために

意《い》味《み》

憲法《けんぽう》に書《か》いてある
自由《じゆう》と権利《けんり》を
守《まも》っていけるようにがんばろう。
そして、わたしたち国民《こくみん》は
自由《じゆう》と権利《けんり》をみんなの幸《しあわ》せのために
使《つか》わないといけないんだよ。

原《げん》文《ぶん》

この憲法《けんぽう》が国民《こくみん》に保障《ほしょう》する
自由及《じゆうおよ》び権利《けんり》は、国民《こくみん》の不断《ふだん》の努力《どりょく》によつて、
これを保持《ほじ》しなければならない。
又《また》、国民《こくみん》は、これを濫用《らんよう》してはならないのであつて、
常《つね》に公共《こうきょう》の福祉《ふくし》のために
これを利用《りよう》する責任《せきにん》を負《お》ふ。

解説《かいせつ》

自由《じゆう》には責任《せきにん》がともなう

憲法《けんぽう》は法律《ほうりつ》と違《ちが》って、破《やぶ》っても罰則《ばっそく》はありません。たとえば悪《わる》い総理大臣《そうりだいじん》が出《で》てきて、憲法《けんぽう》で保障《ほしょう》されている国民《こくみん》の権利《けんり》や自由《じゆう》を侵《おか》すような法律《ほうりつ》を作《つく》ったとします。そういう場《ば》合《あい》は、おそらく裁判所《さいばんしょ》で憲法違反《けんぽういはん》だとする判《はん》決《けつ》が出《で》るでしょう。しかし悪《わる》い総理大臣《そうりだいじん》は判《はん》決《けつ》を守《まも》らないどころか、裁判所《さいばんしょ》ごとつぶしてしまうかもしれません。では、そんなとんでもない人《ひと》を、だれが止《と》められるのでしょう？

それはわたしたち国民《こくみん》です。

12条《じょう》がいいたいのは、国民《こくみん》は自分《じぶん》たちが持《も》つ自由《じゆう》や権利《けんり》を守《まも》るために、いつも努力《どりょく》をしなければならないということです。

憲法《けんぽう》には○○の自由《じゆう》、○○の権利《けんり》と書《か》いてあります。それが本当《ほんとう》に守《まも》られるよう、内閣《ないかく》などの権力《けんりょく》をつねに監視《かんし》する努力《どりょく》をし続《つづ》けなければならないのです。

一方《いっぽう》で、わたしたち国民《こくみん》は、憲法《けんぽう》で保障《ほしょう》された自由《じゆう》や権利《けんり》を好《す》き勝手《かって》に使《つか》ってはいけません。憲法《けんぽう》では「表現《ひょうげん》の自由《じゆう》」がみとめられています。しかし、自由《じゆう》がみとめられているからといって、どんなことでも表現《ひょうげん》していいかといえば、それは違《ちが》います。人《ひと》を差別《さべつ》するような悪口《わるぐち》をいったり、知《し》られたくないと思《おも》っていることを暴《あば》いたりして、ほかの人《ひと》に害《がい》をあたえてはなりません。これが「権利《けんり》の濫《らん》用《よう》」の1つの例《れい》です。

ほかの人《ひと》たちの人権《じんけん》を侵《おか》さないようきちんと考《かんが》えたうえで、自分《じぶん》の自由《じゆう》と権利《けんり》を使《つか》う。それが「公共《こうきょう》の福祉《ふくし》のために利用《りよう》する責任《せきにん》を負《お》う」ということです。

第《だい》13条《じょう》

【個人《こじん》の尊重《そんちょう》】【幸福追求《こうふくついきゅう》の権利《けんり》】

ひとりひとりがかけがえのない存在《そんざい》

意《い》味《み》

国民《こくみん》はみんな、ひとりひとりが
大切《たいせつ》にされなくちゃならないんだよ。
周《まわ》りの人《ひと》にめいわくをかけていないなら、
国《くに》はみんなの命《いのち》や自由《じゆう》や幸《しあわ》せを
とことん大切《たいせつ》にしなきゃいけないんだよ。

原《げん》文《ぶん》

すべて国民《こくみん》は、個人《こじん》として尊重《そんちょう》される。
生命《せいめい》、自由及《じゆうおよ》び幸福追求《こうふくついきゅう》に対《たい》する
国民《こくみん》の権利《けんり》については、公共《こうきょう》の福祉《ふくし》に反《はん》しない限《かぎ》り、
立法《りっぽう》その他《た》の国政《こくせい》の上《うえ》で、
最大《さいだい》の尊重《そんちょう》を必要《ひつよう》とする。

解《かい》説《せつ》

すべての国民《こくみん》はその人権《じんけん》が守《まも》られる

ポイントは原文《げんぶん》の「個人《こじん》として尊重《そんちょう》される」という部分《ぶぶん》です。個人《こじん》とは、それぞれの人《ひと》とかひとりひとりの個性《こせい》という意味《いみ》です。それが「尊重《そんちょう》」、つまり大切《たいせつ》に扱《あつか》われるわけですから、わたしたちはだれもがほかの人《ひと》と同《おな》じようにする必要《ひつよう》はなく、みんな「好《す》きなように生《い》きていいんだよ」という考《かんが》え方《かた》です。

人《ひと》によって考《かんが》え方《かた》がバラバラだと、意見《いけん》が合《あ》わなかったり、いうことを聞《き》かなかったりする人《ひと》も出《で》てきますが、日本国憲法《にほんこくけんぽう》はそれでいいとしているんです。そもそも人《ひと》が何《なに》を幸《しあわ》せと感《かん》じるかは人《ひと》それぞれですから、それを目指《めざ》すための考《かんが》え方《かた》や行動《こうどう》がバラバラになるのは当然《とうぜん》ですね。

ただし、みんなが好《す》き勝手《かって》にやっていいとはいえ、それによってほかのだれかの幸《しあわ》せをうばってはいけません。また、個人《こじん》がそれぞれの幸《しあわ》せを求《もと》めたときに、だれかの権利《けんり》とぶつかってしまうこともあるでしょう。そういうときには国《くに》が動《うご》くことになります。だれかひとりだけでなく、みんなの自由《じゆう》や権利《けんり》、幸《しあわ》せが尊重《そんちょう》されるためにバランスを取《と》るのです。

一部《いちぶ》には地毛証明書《じげしょうめいしょ》というものを生徒《せいと》に出《だ》させている学校《がっこう》があります。髪《かみ》の毛《け》を染《そ》めていないかチェックするためです。子《こ》どもたちをきちんと管理《かんり》しようという考《かんが》えはわからなくもないですが、中《なか》にはハーフ（ダブル）など生《う》まれつき髪《かみ》の毛《け》が黒《くろ》くない人《ひと》がいます。校則《こうそく》は大事《だいじ》です。でも、本当《ほんとう》に大事《だいじ》なのは「個人《こじん》として」尊重《そんちょう》されること。君《きみ》はあるがままでいい。それが最《もっと》も大切《たいせつ》なことなのです。

第《だい》14条《じょう》
［法《ほう》の下《もと》の平等《びょうどう》］

すべての国民《こくみん》は平等《びょうどう》である

意《い》味《み》

①国民《こくみん》はみんな平等《びょうどう》なんだ。
はだの色《いろ》や考《かんが》え方《かた》の違《ちが》い、
男子《だんし》か女子《じょし》か、しょく業《ぎょう》や
生《う》まれたところ、家《いえ》がらなんかで
差別《さべつ》をしちゃいけないんだよ。

原《げん》文《ぶん》

①すべて国民《こくみん》は、法《ほう》の下《もと》に平等《びょうどう》であつて、
人種《じんしゅ》、信条《しんじょう》、性別《せいべつ》、社会的《しゃかいてき》身分《みぶん》又《また》は門地《もんち》により、
政治的《せいじてき》、経済的《けいざいてき》又《また》は社会的《しゃかいてき》関係《かんけい》において、
差別《さべつ》されない。

［②、③は略《りゃく》］

解《かい》説《せつ》

「天《てん》は人《ひと》の上《うえ》に人《ひと》を造《つく》らず」

明治憲法《めいじけんぽう》のもとでは男性《だんせい》と女性《じょせい》とで、大《おお》きな差《さ》がつけられていました。たとえば、選挙《せんきょ》に立候補《りっこうほ》したり、投票《とうひょう》したりする権利《けんり》や、親《おや》などから財産《ざいさん》を引《ひ》き継《つ》ぐ権利《けんり》（相続権《そうぞくけん》）などは、女性《じょせい》にはみとめられていませんでした。このほかにも女性《じょせい》であるというだけで男性《だんせい》に比《くら》べて多《おお》くの権利《けんり》がみとめられていませんでしたが、日本国憲法《にほんこくけんぽう》ではそういった差別《さべつ》はなくそうということで、男性《だんせい》も女性《じょせい》も平等《びょうどう》となっています。

しかし、実際《じっさい》のところ、今《いま》でも男女《だんじょ》で給料《きゅうりょう》や出世《しゅっせ》のスピードなどに差《さ》があるのは事実《じじつ》です。

そもそも、なぜ差別《さべつ》がいけないのでしょうか。自分《じぶん》が差別《さべつ》される側《がわ》になったときのことを考《かんが》えてみましょう。人種《じんしゅ》や性別《せいべつ》、門地《もんち》（＝家柄《いえがら》）だけで、「君《きみ》はわたしより下《した》ね」と決《き》めつけられたら、どう思《おも》いますか。だれだっていやですよね。

勉強《べんきょう》やスポーツなら、自分《じぶん》の努力次第《どりょくしだい》でよい結果《けっか》を出《だ》せるかもしれません。ですが、性《せい》別《べつ》や生《う》まれた場所《ばしょ》など、自分《じぶん》では変《か》えられない理由《りゆう》で差別《さべつ》されることがあっては絶対《ぜったい》にいけないのです。

第《だい》15条《じょう》

【公務員《こうむいん》の選定《せんてい》と罷免《ひめん》の権利《けんり》】【公務員《こうむいん》は全体《ぜんたい》の奉仕者《ほうししゃ》】【普通選挙《ふつうせんきょ》の保障《ほしょう》】【投票《とうひょう》の秘密《ひみつ》】

選挙《せんきょ》の保障《ほしょう》と投票《とうひょう》の秘密《ひみつ》

意味《いみ》

①公務員《こうむいん》を選《えら》んだりやめさせたりする権利《けんり》を持《も》っているのはわたしたち国民《こくみん》なんだよ。

②公務員《こうむいん》は全員《ぜんいん》、国民《こくみん》みんなのために働《はたら》くこと。一部《いちぶ》の人《ひと》だけが得《とく》するように働《はたら》くのはダメだよ。

③成人《せいじん》だったらだれでも選挙《せんきょ》で投票《とうひょう》できるよ。

④選挙《せんきょ》のときに、投票用紙《とうひょうようし》になにを書《か》いたかはひみつにしていいんだよ。ほかの人《ひと》がどんな投票《とうひょう》をしても、周《まわ》りの人《ひと》はせめちゃいけないんだよ。

原文《げんぶん》

①公務員《こうむいん》を選定《せんてい》し、及《およ》びこれを罷免《ひめん》することは、国民固有《こくみんこゆう》の権利《けんり》である。

②すべて公務員《こうむいん》は、全体《ぜんたい》の奉仕者《ほうししゃ》であつて、一部《いちぶ》の奉仕者《ほうししゃ》ではない。

③公務員《こうむいん》の選挙《せんきょ》については、成年者《せいねんしゃ》による普通選挙《ふつうせんきょ》を保障《ほしょう》する。

④すべて選挙《せんきょ》における投票《とうひょう》の秘密《ひみつ》は、これを侵《おか》してはならない。選挙人《せんきょにん》は、その選択《せんたく》に関《かん》し公的《こうてき》にも私的《してき》にも責任《せきにん》を問《と》はれない。

解《かい》説《せつ》

公務員《こうむいん》は国民《こくみん》みんなに奉仕《ほうし》する存在《そんざい》

公務員《こうむいん》とは、国《くに》もしくは地方公共団体《ちほうこうきょうだんたい》の仕《し》事《ごと》をする人《ひと》のことです。身近《みぢか》なところだと、警察官《けいさつかん》や消防士《しょうぼうし》、市役所《しやくしょ》の職員《しょくいん》などのほか、公立学校《こうりつがっこう》の先生《せんせい》もそうです。政治家《せいじか》など一部《いちぶ》の公務員《こうむいん》は、選挙《せんきょ》という方法《ほうほう》でわたしたち国《こく》民《みん》によって直接選《ちょくせつえら》ばれます。

公務員《こうむいん》は国民全体《こくみんぜんたい》に奉仕《ほうし》する存在《そんざい》であり、一部《いちぶ》の人《ひと》が利益《りえき》を得《え》るために存在《そんざい》するのではありません。政治家《せいじか》や役人《やくにん》が自分《じぶん》の家族《かぞく》や友《ゆう》人《じん》のためにえこひいきしたりすることは絶対《ぜったい》にみとめられないわけです。

成人《せいじん》と見《み》なされる年齢《ねんれい》が20歳《さい》から18歳《さい》になったことで、選挙権《せんきょけん》を持《も》つ人《ひと》が多《おお》くなりました。それだけ国《くに》のあり方《かた》や政治《せいじ》に関《かか》われる人《ひと》が増《ふ》えたのです。

④は、選挙《せんきょ》では秘密《ひみつ》が守《まも》られることを示《しめ》しています。これはすごく重要《じゅうよう》なことです。

だれかに「〇〇さんに投票《とうひょう》しないと、お前《まえ》に危害《きがい》を加《くわ》えるぞ」とおどされたとしても、だれに投票《とうひょう》したかの秘密《ひみつ》が守《まも》られれば、だれを選《えら》んだのかわからないので安心《あんしん》して自分《じぶん》の好《す》きな人《ひと》に投票《とうひょう》することができます。選挙《せんきょ》は民主政治《みんしゅせいじ》の基本中《きほんちゅう》の基本《きほん》。ですから投票《とうひょう》の自《じ》由《ゆう》と秘密《ひみつ》がきちんと守《まも》られなければならないのです。

第《だい》19条《じょう》

［思想《しそう》・良心《りょうしん》の自由《じゆう》］

だれでも心《こころ》の中《なか》は自由《じゆう》

意《い》味《み》

信《しん》じているものや考《かんが》えていること、何《なに》を正《ただ》しいと考《かんが》えるかの心《こころ》の自由《じゆう》は、たとえ国《くに》であっても侵《おか》してはいけないよ。

原文《げんぶん》

思想《しそう》及《およ》び良心《りょうしん》の自由《じゆう》は、これを侵《おか》してはならない。

解説《かいせつ》

心《こころ》の自由《じゆう》は侵害《しんがい》されない

原文《げんぶん》にある〝思想《しそう》〟というのは「人《ひと》それぞれの考《かんが》え方《かた》」の意味《いみ》で、〝良心《りょうしん》〟というのは「何《なに》を正《ただ》しいと思《おも》うかという価値観《かちかん》」のことです。

つまり憲法《けんぽう》は、人《ひと》はそれぞれ何《なに》を考《かんが》えてもよいし、どんな価値観《かちかん》を持《も》ってもよいといっているのです。ごくあたり前《まえ》のように思《おも》うかもしれませんが、この自由《じゆう》は、明治憲法《めいじけんぽう》ではみとめられていませんでした。

明治憲法時代《めいじけんぽうじだい》には、天皇《てんのう》をあがめることが国民《こくみん》に押《お》しつけられていました。また、第二次世界大戦中《だいにじせかいたいせんちゅう》には、決《き》められた思想《しそう》や価値観《かちかん》を持《も》つように強制《きょうせい》されていたのです。

これは非常《ひじょう》によくないことだと考《かんが》えられて、日本国憲法《にほんこくけんぽう》では思想《しそう》と良心《りょうしん》の自由《じゆう》を守《まも》ろうということになりました。

思想《しそう》と良心《りょうしん》の自由《じゆう》は、平和《へいわ》な時代《じだい》には侵《おか》されることがあまりありません。ですが、ほかの国《くに》との関係《かんけい》が悪化《あっか》してくると、だんだん侵《おか》されやすくなってしまいます。

強《つよ》すぎる愛国心《あいこくしん》が求《もと》められたり、戦争《せんそう》をしたくないと考《かんが》える人《ひと》たちが、戦争《せんそう》が必要《ひつよう》だと考《かんが》える人《ひと》たちから差別《さべつ》や暴力《ぼうりょく》を受《う》けることになるかもしれません。そういう世《よ》の中《なか》にならないためにも、19条《じょう》の考《かんが》え方《かた》はとても大事《だいじ》なことなんだということを、しっかり理解《りかい》しておきましょう。

第《だい》20条《じょう》

［信教《しんきょう》の自由《じゆう》］［政教分離《せいきょうぶんり》］

人《ひと》はどんな宗教《しゅうきょう》を信《しん》じてもよい（信《しん》じなくてもよい）

意《い》味《み》

①どんな宗教《しゅうきょう》を信《しん》じるかはその人《ひと》の自由《じゆう》だよ。
また、宗教団体《しゅうきょうだんたい》は国《くに》からひいきしてもらったり、
政治《せいじ》の権力《けんりょく》をにぎってはいけないんだ。
②宗教《しゅうきょう》のイベントや儀式《ぎしき》に
興味《きょうみ》がないなら、むりに行《い》かなくてもいいんだよ。
③国《くに》や公的機関《こうてききかん》は、
宗教教育《しゅうきょうきょういく》や宗教《しゅうきょう》につながるような活動《かつどう》を
してはいけないんだ。

原文《げんぶん》

①信教《しんきょう》の自由《じゆう》は、何人《なんぴと》に対《たい》してもこれを保障《ほしょう》する。
いかなる宗教団体《しゅうきょうだんたい》も、国《くに》から特権《とっけん》を受《う》け、
又《また》は政治上《せいじじょう》の権力《けんりょく》を行使《こうし》してはならない。
②何人《なんぴと》も、宗教上《しゅうきょうじょう》の行為《こうい》、祝典《しゅくてん》、儀式《ぎしき》又《また》は行事《ぎょうじ》に
参加《さんか》することを強制《きょうせい》されない。
③国及《くにおよ》びその機関《きかん》は、
宗教教育《しゅうきょうきょういく》その他《た》いかなる宗教的活動《しゅうきょうてきかつどう》も
してはならない。

解《かい》説《せつ》

国《くに》はどんな宗教《しゅうきょう》活動《かつどう》もしてはいけない

この20条《じょう》では、2つのことが決《き》められています。1つが信教《しんきょう》の自由《じゆう》。だれがどんな宗教《しゅうきょう》を信《しん》じても、そして信《しん》じなくてもよいということです。もう1つが政教分離《せいきょうぶんり》です。「政《せい》」とは政治《せいじ》、つまり国《くに》や権力《けんりょく》のことで「教《きょう》」は宗教《しゅうきょう》のこと。政治《せいじ》、国《くに》と宗教《しゅうきょう》がくっついてはいけないということです。

①の後半《こうはん》では、「どんな宗教団体《しゅうきょうだんたい》も国《くに》から特別《とくべつ》な権利《けんり》を受《う》けてはいけません」といっています。③では「国《くに》はどんな宗教活動《しゅうきょうかつどう》もしてはいけません」と定《さだ》めています。この2つを守《まも》ることが、政教分離《せいきょうぶんり》のルールを守《まも》るということです。

神社《じんじゃ》は、神道《しんとう》という宗教《しゅうきょう》のための施設《しせつ》です。昔《むかし》の日本《にほん》では、政治《せいじ》と宗教《しゅうきょう》が一緒《いっしょ》になった国《こっ》家神道《かしんとう》という宗教《しゅうきょう》がありました。国民《こくみん》はこの国家神道《こっかしんとう》を信《しん》じることを押《お》しつけられて、神社への参拝《さんぱい》（おまいり）を強制《きょうせい》されました。一方《いっぽう》で、国家神道《こっかしんとう》以外《いがい》の宗教《しゅうきょう》を信《しん》じる人《ひと》は、国《くに》からひどい目《め》にあわされたのです。

信教《しんきょう》の自由《じゆう》を保障《ほしょう》するためには、国《くに》と決《き》まった宗教《しゅうきょう》との関係《かんけい》が強《つよ》すぎてはいけません。

たまに「〇〇総理《そうり》が〇〇神社《じんじゃ》に参拝《さんぱい》をした」というニュースが報道《ほうどう》されます。なぜ問《もん》題《だい》にされるのかというと、「国《くに》はどんな宗教《しゅうきょう》活動《かつどう》もしてはいけません」という③に反《はん》する可能性《かのうせい》があるからです。

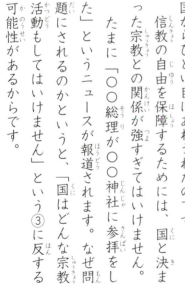

［表現《ひょうげん》の自由《じゆう》］［検閲《けんえつ》の禁止《きんし》］［通信《つうしん》の秘密《ひみつ》］

自分《じぶん》の考《かんが》えを表現《ひょうげん》する自由《じゆう》がある

意味《いみ》

①わたしたち国民《こくみん》は仲間《なかま》を集《あつ》めてグループを作《つく》ったり、
思《おも》っていることを言葉《ことば》や本《ほん》にして発表《はっぴょう》したり、
好《す》きなことを表現《ひょうげん》したりする自由《じゆう》を
国《くに》からみとめられているんだ。

②だからだれかがこれから発表《はっぴょう》しようとしている
本《ほん》や言葉《ことば》をむりやりチェックして変《か》えさせることは、
たとえ政治家《せいじか》や警察官《けいさつかん》であってもできないんだよ。
手紙《てがみ》やメール、電話《でんわ》の内容《ないよう》などを
国《くに》が勝手《かって》に調《しら》べるのもいけないんだよ。

原文《げんぶん》

①集会《しゅうかい》、結社《けっしゃ》及《およ》び
言論《げんろん》、出版《しゅっぱん》その他《た》一切《いっさい》の
表現《ひょうげん》の自由《じゆう》は、
これを保障《ほしょう》する。

②検閲《けんえつ》は、
これをしてはならない。
通信《つうしん》の秘密《ひみつ》は、
これを侵《おか》してはならない。

解説《かいせつ》

「私《わたし》は反対《はんたい》」と表現《ひょうげん》できる自由《じゆう》がある

個人《こじん》の自由《じゆう》や権利《けんり》をしっかりと尊重《そんちょう》しなければならないという考《かんが》え方《かた》を、自由主義《じゆうしゅぎ》といいます。

自由主義《じゆうしゅぎ》の社会《しゃかい》にとって一番大切《いちばんたいせつ》なのが、この21条《じょう》です。もし表現《ひょうげん》の自由《じゆう》がうばわれてしまうと、ほかの自由《じゆう》は何《なん》の意味《いみ》もなくなってしまうかもしれません。

たとえば、自分《じぶん》の悪口《わるぐち》をいった人《ひと》は殺《ころ》してしまう悪《わる》い王様《おうさま》のいる国《くに》があったとします。心《こころ》の中《なか》で「悪《わる》い王様《おうさま》は早《はや》くやめてほしい」と思《おも》っているだけなら、ばれません。でも、言《こと》葉《ば》や文章《ぶんしょう》で表現《ひょうげん》した瞬間《しゅんかん》、その人《ひと》は悪《わる》い王様《おうさま》によって殺《ころ》されてしまいます。

心《こころ》の中《なか》ではどんなことを思《おも》ってもいいけど、それを正直《しょうじき》に表現《ひょうげん》できないのでは、何《なん》の意味《いみ》もありません。どんなことでも自由《じゆう》に表現《ひょうげん》できることは、とても大事《だいじ》なことですし、保《ほ》障《しょう》されなければならないのです。

歴史《れきし》から見《み》ると、表現《ひょうげん》の自由《じゆう》の中《なか》でも、政《せい》治《じ》に関係《かんけい》する表現《ひょうげん》の自由《じゆう》がいちばん大事《だいじ》です。

政治家《せいじか》は国《くに》を動《うご》かすのが仕事《しごと》ですから、大《おお》きな権力《けんりょく》を持《も》っています。その大《おお》きな権力《けんりょく》に対《たい》して「ダメだ」「私《わたし》は反対《はんたい》だ」と自由《じゆう》に表《ひょう》現《げん》できないと、政治家《せいじか》たちはどんどん好《す》き勝《かっ》手《て》なことを進《すす》めてしまいます。そうならないように、憲法《けんぽう》はわたしたちに表現《ひょうげん》の自由《じゆう》を保《ほ》障《しょう》しているのです。

第《だい》22条《じょう》

【居住《きょじゅう》・移転《いてん》と職業選択《しょくぎょうせんたく》の自由《じゆう》】【外国移住《がいこくいじゅう》と国籍離脱《こくせきりだつ》の自由《じゆう》】

どこで暮《く》らし、どんな仕事《しごと》をしてもよい

意味《いみ》

①周《まわ》りの人《ひと》にめいわくをかけなければ、
どこに住《す》むのも、引《ひ》っこすのも、
どんな仕事《しごと》を選《えら》ぶのも自由《じゆう》なんだよ。
②外国《がいこく》に引《ひ》っこすことも
日本国《にほんこく》せきを捨《す》てることも自由《じゆう》なんだ。

原文《げんぶん》

①何人《なんぴと》も、公共《こうきょう》の福祉《ふくし》に反《はん》しない限《かぎ》り、
居住《きょじゅう》、移転《いてん》及《およ》び
職業選択《しょくぎょうせんたく》の自由《じゆう》を有《ゆう》する。
②何人《なんぴと》も、外国《がいこく》に移住《いじゅう》し、
又《また》は国籍《こくせき》を離脱《りだつ》する自由《じゆう》を侵《おか》されない。

解説《かいせつ》

野球選手《やきゅうせんしゅ》になっても外国《がいこく》に住《す》んでもよい

日本国憲法《にほんこくけんぽう》ではどこに住《す》んでもいいし、どんな仕事《しごと》をしてもいいとみとめられています。

しかし、昔《むかし》はそうではありませんでした。「おまえは武士《ぶし》だ」「おまえは農民《のうみん》だ」というように、生《う》まれによって職業《しょくぎょう》を決《き》められていて、それを変《か》えることはできなかったのです。住《す》む場所《ばしょ》も変《か》えられませんでした。農民《のうみん》は先祖代々《せんぞだいだい》その土地《とち》に住《す》み続《つづ》けて、子《こ》や孫《まご》もずっとそのままでした。昔《むかし》の武士《ぶし》も、自分《じぶん》の藩《はん》を勝手《かって》に脱《ぬ》けると死刑《しけい》にされることがありました。

戦争《せんそう》のあった時代《じだい》には、むりやり仕事《しごと》を変《か》えさせられることもありました。兵器《へいき》をどんどん作《つく》らなくてはいけないから、農業《のうぎょう》をやっていた人《ひと》を鉄工所《てっこうじょ》で働《はたら》かせるなどです。そういうことが当《あ》たり前《まえ》のように行《おこな》われていた時代《じだい》もあったのです。

今《いま》は違《ちが》います。北海道《ほっかいどう》で生《う》まれたとしても東京《とうきょう》に引《ひ》っこして暮《く》らしてもよいし、サラリーマンの子《こ》どもがプロ野球選手《やきゅうせんしゅ》を目指《めざ》してもよい。

また、日本国民《にほんこくみん》が外国《がいこく》に移住《いじゅう》する権利《けんり》もみとめられています。もしも君《きみ》が将来《しょうらい》、「日本《にほん》という国《くに》は嫌《きら》いだ」「外国《がいこく》に住《す》みたいな」と思《おも》ったときは、外国《がいこく》で暮《く》らしてもいいのです。

自分《じぶん》の考《かんが》え方《かた》や努力《どりょく》によって、なりたい自分《じぶん》になれる可能性《かのうせい》がある。これは本当《ほんとう》に大切《たいせつ》なことです。

第《だい》23条《じょう》
【学問《がくもん》の自由《じゆう》】

勉《べん》強《きょう》は自《じ》分《ぶん》の思《おも》うまま好《す》きなようにできる

意《い》味《み》

大人《おとな》であれば、何《なに》をどう学《まな》ぶかは、その人《ひと》の自由《じゆう》だよ。

原《げん》文《ぶん》

学問《がくもん》の自由《じゆう》は、これを保障《ほしょう》する。

解説《かいせつ》

自由《じゆう》に勉強《べんきょう》できるのは幸《しあわ》せなこと

第二次世界大戦《だいにじせかいたいせん》の前《まえ》の日本《にほん》では、大学生《だいがくせい》や学者《がくしゃ》たちが勉強《べんきょう》をする自由《じゆう》が奪《うば》われてしまう事件《じけん》がたくさん起《お》こりました。

勉強《べんきょう》は、すればするほど知識《ちしき》が増《ふ》えていきます。そのため「政府《せいふ》がやろうとしていることはおかしいのではないか？」ということがわかるようになってくるわけです。

しかし、権力《けんりょく》を持《も》っている人《ひと》であれば、自《じ》分《ぶん》たちの間違《まちが》いを指摘《してき》する人《ひと》たちをじゃまだと思《おも》うかもしれません。そういう場合《ばあい》、国民《こくみん》から学問《がくもん》の自由《じゆう》をうばって、かしこくならないようにすることもできるわけです。

学問《がくもん》の自由《じゆう》が保障《ほしょう》されていれば、国民《こくみん》は好《す》きなように学《まな》ぶことができます。そしてどんどん知識《ちしき》を身《み》につけて、政府《せいふ》の間違《まちが》いに気《き》づき、やめさせようと行動《こうどう》できるようになるのです。

世界《せかい》には、学問《がくもん》の自由《じゆう》や勉強《べんきょう》する権利《けんり》がみとめられていない国《くに》がまだまだたくさんあります。勉強《べんきょう》をしたくても、できない子《こ》どもたちが大勢《おおぜい》いるのです。自由《じゆう》に勉強《べんきょう》ができることは実《じつ》はとても幸《しあわ》せなことなんだということを、この本《ほん》を読《よ》んでいるみなさんには知《し》っておいてほしいと思《おも》います。

第《だい》24条《じょう》
［夫婦《ふうふ》は同等《どうとう》の権利《けんり》を有《ゆう》する］

結婚《けっこん》、そして夫婦《ふうふ》のあり方《かた》

意《い》味《み》

①結婚《けっこん》は、夫婦《ふうふ》になるふたりの意見《いけん》が合《あ》うだけでみとめられるんだ。そして、夫婦《ふうふ》は同《おな》じ権利《けんり》を持《も》ち、力《ちから》を合《あ》わせて家庭《かてい》を守《まも》らなければならないんだよ。

②結婚相手選《けっこんあいてえら》び、お金《かね》や家《いえ》などの財産《ざいさん》の権利《けんり》、子《こ》どもが財産《ざいさん》を受《う》けつぐ方法《ほうほう》、そのほか、りこんや家《いえ》の問題《もんだい》についての法律《ほうりつ》は、ひとりひとりを大切《たいせつ》にして夫《おっと》と妻《つま》の両方《りょうほう》が平等《びょうどう》になるように定《さだ》めなければならないんだ。

原《げん》文《ぶん》

①婚姻《こんいん》は、両性《りょうせい》の合意《ごうい》のみに基《もと》いて
成立《せいりつ》し、夫婦《ふうふ》が同等《どうとう》の権利《けんり》を有《ゆう》することを基本《きほん》として、
相互《そうご》の協力《きょうりょく》により、維持《いじ》されなければならない。

②配偶者《はいぐうしゃ》の選択《せんたく》、財産権《ざいさんけん》、相続《そうぞく》、住居《じゅうきょ》の選定《せんてい》、
離婚並《りこんなら》びに婚姻及《こんいんおよ》び家族《かぞく》に関《かん》する
その他《た》の事項《じこう》に関《かん》しては、法律《ほうりつ》は、
個人《こじん》の尊厳《そんげん》と
両性《りょうせい》の本質的平等《ほんしつてきびょうどう》に立脚《りっきゃく》して、
制定《せいてい》されなければならない。

解説《かいせつ》

結婚《けっこん》でも女性《じょせい》の権利《けんり》はみとめられる

終戦《しゅうせん》より前《まえ》の明治憲法《めいじけんぽう》と、戦後《せんご》の日本国憲法《にほんこくけんぽう》では、いろいろなことが大《おお》きく変《か》わっていますが、24条《じょう》もその1つです。14条《じょう》の男女《だんじょ》の平等《びょうどう》と並《なら》んで、とても大事《だいじ》な条文《じょうぶん》です。

14条《じょう》と24条《じょう》が日本国憲法《にほんこくけんぽう》に書《か》かれたのは、アメリカ人女性《じんじょせい》ベアテ・シロタ・ゴードンさんの存在《そんざい》が大《おお》きいといえます。

シロタさんはお父《とう》さんの仕事《しごと》の関係《かんけい》で、戦前《せんぜん》の日本《にほん》に住《す》んでいました。日本語《にほんご》も上手《じょうず》で、日本人女性《にほんじんじょせい》の友達《ともだち》がたくさんいました。

そのシロタさんが、戦後《せんご》、日本国憲法《にほんこくけんぽう》のもととなる「草案《そうあん》」作《づく》りに参加《さんか》することになりました。彼女《かのじょ》は戦前《せんぜん》の日本《にほん》には男女平等《だんじょびょうどう》がなかったことをよく知《し》っていたので、14条《じょう》と、この24条《じょう》を日本国憲法《にほんこくけんぽう》に入《い》れることに大変《たいへん》こだわったのです。

また、その内容《ないよう》にもとてもこだわっていました。その結果《けっか》、さっぱりとした文章《ぶんしょう》でまとめられている日本国憲法《にほんこくけんぽう》の条文《じょうぶん》の中《なか》にあって24条《じょう》はとても細《こま》かく書《か》かれています。

14条《じょう》の解説《かいせつ》でも少《すこ》しふれましたが、明治憲法《めいじけんぽう》の時代《じだい》は女性《じょせい》はあきらかに差別《さべつ》されていました。結婚《けっこん》に関《かん》しても女性《じょせい》は自分《じぶん》で相手《あいて》を決《き》めることもできませんでした。親《おや》たちが残《のこ》したお金《かね》を相続《そうぞく》することもできませんでした。それを根本的《こんぽんてき》に変《か》えたわけです。

第《だい》25条《じょう》

【生存権《せいぞんけん》】

よりよい暮《く》らしのために

意《い》味《み》

①わたしたち国民《こくみん》には、体《からだ》も心《こころ》も健康的《けんこうてき》で、人《ひと》として最低《さいてい》げんの生活《せいかつ》をおくる権利《けんり》があるよ。

②国《くに》は国民《こくみん》みんなのために、暮《く》らしの中《なか》の幸《しあわ》せや安全《あんぜん》、清《せい》けつなかんきょうがよりよくなるように努力《どりょく》しなければならないんだよ。

原《げん》文《ぶん》

①すべて国民《こくみん》は、健康《けんこう》で文化的《ぶんかてき》な最低限度《さいていげんど》の生活《せいかつ》を営《いとな》む権利《けんり》を有《ゆう》する。

②国《くに》は、すべての生活部面《せいかつぶめん》について、社会福祉《しゃかいふくし》、社会保障《しゃかいほしょう》及《およ》び公衆衛生《こうしゅうえいせい》の向上《こうじょう》及《およ》び増進《ぞうしん》に努《つと》めなければならない。

解説《かいせつ》

生活《せいかつ》に困《こま》っている人《ひと》の面倒《めんどう》は国《くに》が見《み》てくれる

25条《じょう》の前半《ぜんはん》(①)は、生存権《せいぞんけん》とも呼《よ》ばれる権利《けんり》を定《さだ》めています。日本国憲法《にほんこくけんぽう》には、そのもととなった「草案《そうあん》」がありますが、この権《けん》利《り》はその草案《そうあん》には書《か》かれていませんでした。ですが、日本側《にほんがわ》がどうしても入《い》れたいといって、憲法《けんぽう》に書《か》かれることになりました。

日本人《にほんじん》みんなを、日本《にほん》という国《くに》がきちんと責任《せきにん》を持《も》って、ある一定《いってい》のレベル以上《いじょう》の生活《せいかつ》ができるようにする。それが25条《じょう》の目的《もくてき》です。

2016年《ねん》の調査《ちょうさ》によると、日本《にほん》の人口《じんこう》は約《やく》1億《おく》2700万人《まんにん》となっています。中《なか》にはお金《かね》がなくて困《こま》っている人《ひと》、体《からだ》が不自由《ふじゆう》な人《ひと》、病気《びょうき》のせいで働《はたら》けない人《ひと》がいます。

お金《かね》や健康《けんこう》のことでピンチを迎《むか》えたときに、国《くに》が面倒《めんどう》を見《み》てくれるということで、とても重要《じゅうよう》な条文《じょうぶん》といえるでしょう。

とはいえ、現実《げんじつ》として苦《くる》しんでいる人《ひと》の面《めん》倒《どう》を国《くに》がすべてきちんと見《み》ることができているかといえば、十分《じゅうぶん》とはいえません。

苦《くる》しんでいる人《ひと》たちを助《たす》けるためのお金《かね》は、わたしたちの納《おさ》めた税金《ぜいきん》から出《で》ています。自分《じぶん》が払《はら》った税金《ぜいきん》を、ほかの人《ひと》のために使《つか》ってほしくないと思《おも》う人《ひと》もいるかもしれません。でも、自分《じぶん》だって生活《せいかつ》するのが苦《くる》しくなるときが来《く》るかもしれない。困《こま》ったときはお互《たが》いさま。だから、困《こま》っている人《ひと》のために税《ぜい》金《きん》を使《つか》ってもらおう。日本《にほん》の社会《しゃかい》は、そういう助《たす》け合《あ》いの精神《せいしん》でできているのです。

第《だい》26条《じょう》

【教育《きょういく》を受《う》ける権利《けんり》】【教育《きょういく》を受《う》けさせる義務《ぎむ》】

勉強《べんきょう》をする権利《けんり》と子《こ》どもを学校《がっこう》に行《い》かせる義務《ぎむ》

意《い》味《み》

①わたしたち国民《こくみん》には、自分《じぶん》の力《ちから》に合《あ》った勉強《べんきょう》をする権利《けんり》があるんだよ。

②親《おや》は自分《じぶん》の子《こ》どもを小学校《しょうがっこう》や中学校《ちゅうがっこう》に行《い》かせなければいけないよ。小学校《しょうがっこう》や中学校《ちゅうがっこう》では、タダで勉強《べんきょう》ができるんだよ。

原《げん》文《ぶん》

①すべて国民《こくみん》は、法律《ほうりつ》の定《さだ》めるところにより、その能力《のうりょく》に応《おう》じて、ひとしく教育《きょういく》を受《う》ける権利《けんり》を有《ゆう》する。

②すべて国民《こくみん》は、法律《ほうりつ》の定《さだ》めるところにより、その保護《ほご》する子女《しじょ》に普通教育《ふつうきょういく》を受《う》けさせる義務《ぎむ》を負《お》ふ。義務教育《ぎむきょういく》は、これを無償《むしょう》とする。

解説《かいせつ》

親《おや》は子《こ》どもに教育《きょういく》を受《う》けさせる義務《ぎむ》がある

26条《じょう》は、教育《きょういく》を受《う》ける権利《けんり》と義務《ぎむ》教育《きょういく》について書《か》いてあります。

ここでいう義務《ぎむ》とは、親《おや》が子《こ》どもに教育《きょういく》を受《う》けさせる義務《ぎむ》のことで、子《こ》どもたちが持《も》っているのは教育《きょういく》を受《う》ける権利《けんり》です。

教育《きょういく》は、社会《しゃかい》が平和《へいわ》であるためにはなくてはならないものです。人《ひと》はそれぞれ、いろいろな性格《せいかく》や価値観《かちかん》を持《も》っています。いろいろな考《かんが》え方《かた》の人《ひと》が仲良《なかよ》く暮《く》らしていくためには、共通《きょうつう》のルールを守《まも》らなくてはいけませんし、自分《じぶん》とは意見《いけん》の違《ちが》う他人《たにん》も尊重《そんちょう》しなくてはなりません。そのようなことを、みんながきちんと勉強《べんきょう》するのは、とても大切《たいせつ》なことなのです。

現在《げんざい》の日本《にほん》では、小学校《しょうがっこう》と中学校《ちゅうがっこう》の9年間《ねんかん》が義務《ぎむ》教育《きょういく》の期間《きかん》となっており、国立《こくりつ》や公立《こうりつ》の小中学校《しょうちゅうがっこう》に通《かよ》う場合《ばあい》、その費用《ひよう》は無料《むりょう》となっています。

とはいえ、全《すべ》てが無料《むりょう》かといえば、そうではありません。1963年《ねん》から教科書《きょうかしょ》の無料《むりょう》化《か》が始《はじ》まりましたが、それまでは有料《ゆうりょう》でした。今《いま》でも学校《がっこう》で使用《しよう》する教科書《きょうかしょ》以外《いがい》の教材《きょうざい》や給《きゅう》食《しょく》、修学旅行《しゅうがくりょこう》のお金《かね》は、親《おや》などが支払《しはら》う必要《ひつよう》があります。

26条《じょう》では「義務《ぎむ》教育《きょういく》を無償《むしょう》とする」とあるので、これらの費用《ひよう》も無料《むりょう》にするべきだという意見《いけん》もあります。

第《だい》30条《じょう》
【納税《のうぜい》の義務《ぎむ》】

税《ぜい》金《きん》を納《おさ》める義《ぎ》務《む》

意《い》味《み》

わたしたち国民《こくみん》は、
法律《ほうりつ》で決《き》められたとおり
税金《ぜいきん》を払《はら》わなければならないよ。

原文《げんぶん》

国民《こくみん》は、
法律《ほうりつ》の定《さだ》めるところにより、
納税《のうぜい》の義務《ぎむ》を負《お》ふ。

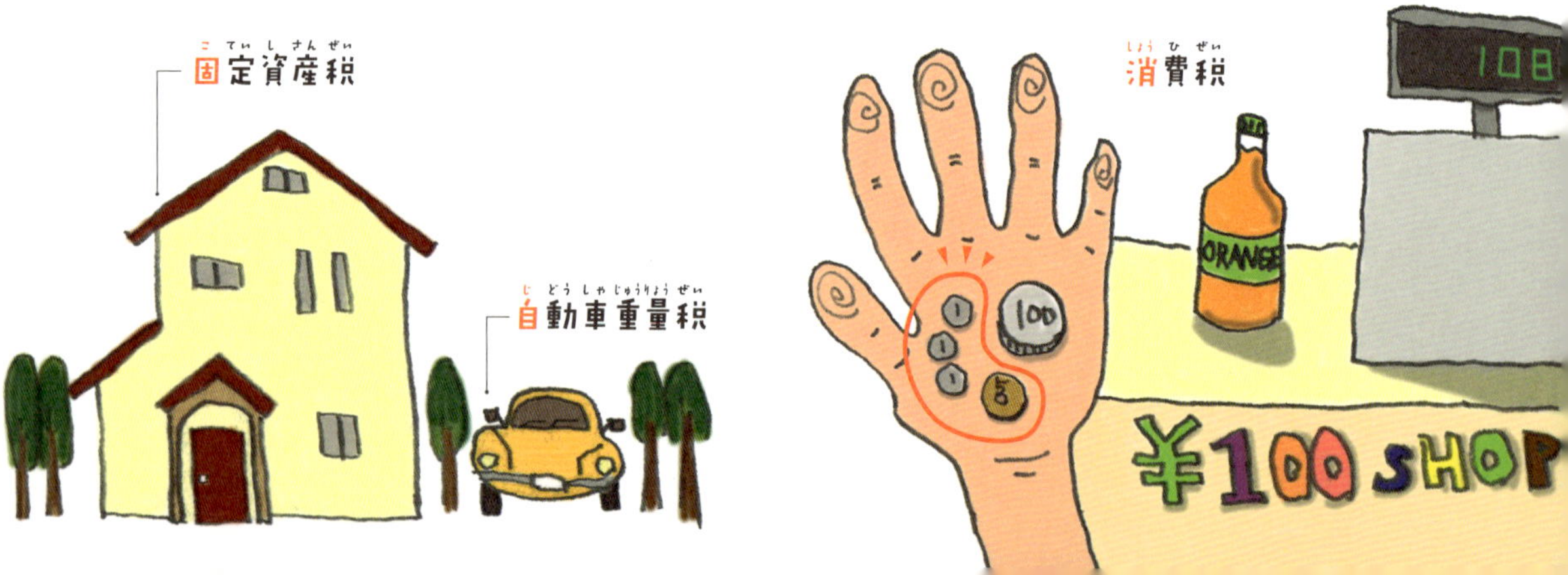

解説《かいせつ》

すべての国民《こくみん》は税金《ぜいきん》を払《はら》わなければならない

税金《ぜいきん》とは、国《くに》や地方公共団体《ちほうこうきょうだんたい》などが、国民《こくみん》や住民《じゅうみん》に払《はら》ってもらうお金《かね》のことです。国《くに》や地方公共団体《ちほうこうきょうだんたい》はわたしたちの社会生活《しゃかいせいかつ》を支《ささ》えるいろいろなサービスを提供《ていきょう》しています。おまわりさんや消防士《しょうぼうし》さんなどは、いざというときにかけつけてくれますね。わたしたちが納《おさ》めている税金《ぜいきん》は、これらのサービスを行《おこな》うための資金《しきん》としても使《つか》われています。

税金《ぜいきん》を払《はら》うことは、国民《こくみん》の大事《だいじ》な義務《ぎむ》でもあります。そこには、みんなが必要《ひつよう》なものはみんなでお金《かね》を出《だ》しあって手《て》に入《い》れようという考《かんが》えがあります。税金《ぜいきん》がないと国民《こくみん》に必要《ひつよう》なものやサービスが提供《ていきょう》できなくなってしまうのです。

税金《ぜいきん》の率《りつ》や種類《しゅるい》などはわたしたち国民《こくみん》の代表《だいひょう》である国会議員《こっかいぎいん》が、国会《こっかい》で法律《ほうりつ》を作《つく》って決《き》めています。２０１９年《ねん》10月《がつ》に、消費税《しょうひぜい》が８%から10%に引《ひ》き上《あ》げられる予定《よてい》ですが、これも、議員《ぎいん》が国会《こっかい》で話《はな》し合《あ》って決《き》めたことです。

アメリカが、イギリスの一部《いちぶ》だったころ、お金《かね》のないイギリス本国《ほんごく》はアメリカに住《す》む人《ひと》たちから税金《ぜいきん》をたくさん取《と》ろうとしました。しかしそれを決《き》めたイギリスの議会《ぎかい》にアメリカ人《じん》の代表《だいひょう》はいなかったのです。アメリカに住《す》む人《ひと》たちはこれに怒《おこ》って反乱《はんらん》を起《お》こし、イギリスから独立《どくりつ》することになりました。

日本国憲法《にほんこくけんぽう》では、このこともふまえて、国民《こくみん》を代表《だいひょう》する国会《こっかい》の法律《ほうりつ》で税金《ぜいきん》を決《き》めることになっています。

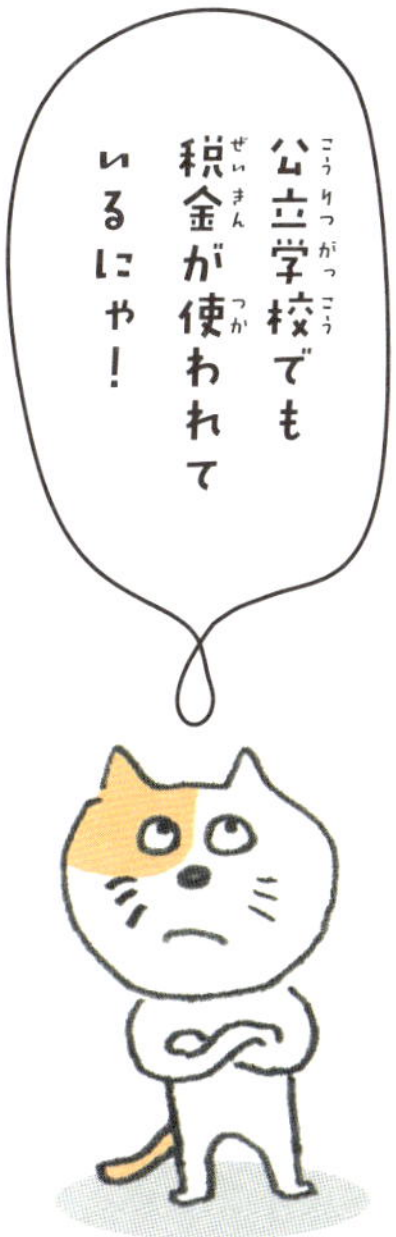

ちょっとひとやすみ

国民《こくみん》の3大《だい》義務《ぎむ》

「教育《きょういく》」「勤労《きんろう》」「納税《のうぜい》」国民《こくみん》には3つの義務《ぎむ》がある

日本国憲法《にほんこくけんぽう》では、国民《こくみん》の3つの義務《ぎむ》が定《さだ》められています。「教育《きょういく》の義務《ぎむ》」「勤労《きんろう》の義務《ぎむ》」「納税《のうぜい》の義務《ぎむ》」です。これらを「国民《こくみん》の3大《だい》義務《ぎむ》」といいます。

義務《ぎむ》とは、「やらなければならないこと」の意味《いみ》です。つまり、国民《こくみん》はみんな、教育《きょういく》、勤労《きんろう》、納税《のうぜい》という3つのことをしなければなりません。

まず「教育《きょういく》の義務《ぎむ》」について。これは小学《しょうがっ》校《こう》～中学校《ちゅうがっこう》までの義務教育《ぎむきょういく》のことで、「子《こ》どもが教育《きょういく》を受《う》けなくてはならない」ではなく、「親《おや》が子《こ》どもに教育《きょういく》を受《う》けさせなくてはならない」という義務《ぎむ》です。

みなさんが将来《しょうらい》、結婚《けっこん》して子《こ》どもができたら、きちんと小学校《しょうがっこう》～中学校《ちゅうがっこう》の9年間《ねんかん》、教育《きょういく》を受《う》けさせてあげましょう。義務《ぎむ》だからというだけでなく、子《こ》どもがよりよい人生《じんせい》を過《す》ご

すための大切《たいせつ》な知識《ちしき》を得《え》られるからです。「勤労《きんろう》の義務《ぎむ》」の勤労《きんろう》とは、働《はたら》くという意味《いみ》です。もしも国民全員《こくみんぜんいん》が働《はたら》かなかったら、日《に》本《ほん》はどうなってしまうでしょう。お店《みせ》は閉《し》まっているし、野菜《やさい》は育《そだ》たないし、水《みず》や電気《でんき》も使《つか》えませんせん。人《ひと》はみな、ひとりでは生《い》きられません。支《ささ》え合《あ》って生《い》きています。働《はたら》くことでほかの人《ひと》を助《たす》け、そしてほかの人《ひと》の働《はたら》きであなたも助《たす》けてもらえる。そうやって日本《にほん》はきちんと動《うご》くようになるのです。

税金《ぜいきん》を国《くに》に払《はら》わなければならないというのが「納税《のうぜい》の義務《ぎむ》」です。国《くに》は国民《こくみん》から支払《しはら》われた税金《ぜいきん》を使《つか》って、道路《どうろ》や学校《がっこう》を作《つく》ったり、医療《いりょう》や年金《ねんきん》、介護《かいご》などの社会福祉《しゃかいふくし》を充実《じゅうじつ》させたりして、みんながもっと快適《かいてき》に暮《く》らせるようにします。つまり、国《くに》からのサービスです。そのサービスを受《う》けるためにも、わたしたちは税金《ぜいきん》を支払《しはら》わなければならないのです。

第《だい》31条《じょう》
［適正《てきせい》な法定手続《ほうていてつづき》の保障《ほしょう》］

刑罰《けいばつ》をあたえるときの決《き》まり

意味《いみ》

法律《ほうりつ》で決《き》められていないやり方《かた》で、わたしたちの命《いのち》や自由《じゆう》をうばったり、そのほかの刑罰《けいばつ》をあたえることはできないよ。

原文《げんぶん》

何人《なんぴと》も、法律《ほうりつ》の定《さだ》める手続《てつづき》によらなければ、その生命《せいめい》若《も》しくは自由《じゆう》を奪《うば》はれ、又《また》はその他《た》の刑罰《けいばつ》を科《か》せられない。

解説《かいせつ》

手《て》続《つづ》きなしに罰《ばっ》することはできない

国家《こっか》は大《おお》きな権力《けんりょく》を持《も》っていますが、その中《なか》でも最《もっと》もこわいものが刑罰《けいばつ》です。

刑罰《けいばつ》とは、犯罪《はんざい》をした人《ひと》へのおしおきのことです。法律《ほうりつ》に違反《いはん》すると警察《けいさつ》に逮捕《たいほ》されますが、だからといって、いきなり刑務所《けいむしょ》に入《い》れられたり、死刑《しけい》にされたりといったことがあってはいけません。ちゃんとした手続《てつづ》き（裁判《さいばん》など）を経《へ》て刑罰《けいばつ》が決《き》められなければならない、というのがこの31条《じょう》の意味《いみ》です。

ではなぜ手続《てつづ》きが大事《だいじ》なのでしょう？　それは、政府《せいふ》や国家《こっか》の権力《けんりょく》がその人《ひと》が気《き》に入《い》らないからといって都合《つごう》のいいように刑務所《けいむしょ》に送《おく》ったり、死刑《しけい》にしたりするのを防《ふせ》ぐためです。取《と》り締《し》まる人《ひと》の気分《きぶん》で罪《つみ》が軽《かる》くなったり、重《おも》くなったりしてはなりませんし、裁判《さいばん》で当《とう》事者《じしゃ》にも弁解《べんかい》のチャンスがなければ、権力《けんりょく》の都合《つごう》のいいように刑《けい》が決《き》まり、罪《つみ》のない人《ひと》が刑罰《けいばつ》を受《う》けてしまうということも起《お》きかねません。

日本《にほん》には死刑《しけい》があります。何人《なんにん》も人《ひと》を殺《ころ》せば、国《くに》によって命《いのち》をうばわれることだってあります。だからこそ、このくらい悪《わる》いことをすると死刑《しけい》になってしまうとか、そういうことが前《まえ》もって決《き》められていなければなりません。つまり、法律《ほうりつ》がないのに勝手《かって》に人《ひと》に罰《ばつ》をあたえてはいけないというのがこの31条《じょう》です。

刑罰《けいばつ》がきちんと法律《ほうりつ》で決《き》められることは、とても大事《だいじ》なことですので、日本《にほん》だけでなく多《おお》くの外国《がいこく》の憲法《けんぽう》にも書《か》かれている条文《じょうぶん》です。

第《だい》41条《じょう》
［国会《こっかい》の地位《ちい》］［立法権《りっぽうけん》］

国会《こっかい》とは何《なに》か

意味《いみ》

国会《こっかい》は日本《にほん》の政治《せいじ》の中心《ちゅうしん》で
いちばん大事《だいじ》なところだよ。
法律《ほうりつ》を作《つく》ることができるのは
日本《にほん》でここだけだよ。

原文《げんぶん》

国会《こっかい》は、国権《こっけん》の
最高機関《さいこうきかん》であつて、
国《くに》の唯一《ゆいいつ》の立法機関《りっぽうきかん》である。

解《かい》説《せつ》

法《ほう》律《りつ》は国《こっ》会《かい》で作《つく》られる

憲法《けんぽう》の第《だい》4章《しょう》からは、日本《にほん》の政治《せいじ》の仕組《しく》みについて書《か》かれています。そのはじめにあるのが、国会《こっかい》について書《か》かれた41条《じょう》です。

ここでは国会《こっかい》を「国権《こっけん》の最高機関《さいこうきかん》」とよんでいます。国《くに》の主権《しゅけん》を持《も》っているのはわたしたち国民《こくみん》ひとりひとりでしたよね。すると国《こっ》会《かい》は主権者《しゅけんしゃ》の代表《だいひょう》（政治家《せいじか》）が国《くに》について考《かんが》える場所《ばしょ》ということになります。つまり国民《こくみん》主権《しゅけん》を第一《だいいち》のルールに置《お》く日本《にほん》において、国《くに》を治《おさ》める上《うえ》で国会《こっかい》よりも高《たか》い権威《けんい》を持《も》った機《き》関《かん》はないということをいっているのです。

また「国《くに》の唯一《ゆいいつ》の立法機関《りっぽうきかん》」ともいっています。これは日本《にほん》の法律《ほうりつ》を作《つく》れるのは国会《こっかい》だけであるということです。近代《きんだい》の国家《こっか》では、正《ただ》しく定《さだ》められた法律《ほうりつ》によって国《くに》を治《おさ》めるのがルールです。それだけにだれが法律《ほうりつ》を作《つく》るのかということがとても重要《じゅうよう》になります。そこでこの条文《じょうぶん》では、日本《にほん》の法律《ほうりつ》は天皇《てんのう》でも総《そう》理《り》大臣《だいじん》でもなく、あくまでも国民《こくみん》を代表《だいひょう》する国会議員《こっかいぎいん》によって国会《こっかい》だけで作《つく》られることを定《さだ》めているのです。

この41条《じょう》は、日本《にほん》の民主主義《みんしゅしゅぎ》がまずは国会《こっかい》を中心《ちゅうしん》とすることを表《あらわ》しています。わたしたちひとりひとりが国会《こっかい》に関心《かんしん》を持《も》つことは、主権者《しゅけんしゃ》としてとても大切《たいせつ》なことです。

第《だい》42条《じょう》
【両院制《りょういんせい》（二院制《にいんせい》）】

衆議院《しゅうぎいん》と参議院《さんぎいん》

意味《いみ》

日本《にほん》の国会《こっかい》は、「衆議院《しゅうぎいん》」と「参議院《さんぎいん》」の2つの議院《ぎいん》で成《な》り立《た》ってるよ。

原文《げんぶん》

国会《こっかい》は、衆議院《しゅうぎいん》及《およ》び参議院《さんぎいん》の両議院《りょうぎいん》でこれを構成《こうせい》する。

解《かい》説《せつ》

二院制《にいんせい》のほうがいろんな意見《いけん》を反映《はんえい》できる？

42条《じょう》はそのままの意味《いみ》で、国会《こっかい》は衆議院《しゅうぎいん》と参議院《さんぎいん》の2つの組《く》み合《あ》わせでできています。このように2つの議院《ぎいん》が並《なら》び立《た》つ政治《せいじ》のシステムを二院制《にいんせい》、あるいは両院制《りょういんせい》といいます。先進国《せんしんこく》では日本《にほん》のほか、アメリカやイギリス、フランス、イタリア、ドイツなど、二院制《にいんせい》をとる国《くに》がほとんどです。

この条文《じょうぶん》を変《か》えれば、議院《ぎいん》を1つだけにすることも可能《かのう》で、お隣《となり》の韓国《かんこく》のように憲法《けんぽう》を改正《かいせい》して、二院制《にいんせい》から一院制《いちいんせい》に変《か》えた国《くに》もあります。ではなぜ、二院制《にいんせい》なのでしょうか。

衆議院《しゅうぎいん》と参議院《さんぎいん》があることで、より多《おお》くの人《ひと》が議論《ぎろん》に参加《さんか》でき、国民《こくみん》の様々《さまざま》な意見《いけん》をより広《ひろ》く反映《はんえい》させることができます。片方《かたほう》の議《ぎ》院《いん》の決《き》めたことをもう一方《いっぽう》の議院《ぎいん》で話《はな》し合《あ》うことで、より注意深《ちゅういぶか》く議論《ぎろん》ができるかもしれません。

日本《にほん》の国会《こっかい》は明治時代《めいじじだい》から二院制《にいんせい》で、日本《にほん》国憲法《こくけんぽう》が作《つく》られる前《まえ》は衆議院《しゅうぎいん》と貴族院《きぞくいん》に分《わ》かれていました。貴族院《きぞくいん》は皇族《こうぞく》や貴族《きぞく》、または天皇《てんのう》に指名《しめい》された議員《ぎいん》によって成《な》り立《た》っており、一部《いちぶ》の上流階級《じょうりゅうかいきゅう》しか入《はい》れませんでした。戦後《せんご》、貴族制《きぞくせい》が廃止《はいし》され、一院制《いちいんせい》に変《か》える提《てい》案《あん》もありましたが、結局《けっきょく》、貴族院《きぞくいん》の代《か》わりとして生《う》まれたのが参議院《さんぎいん》です。

参議院《さんぎいん》は貴族院《きぞくいん》の名残《なごり》から、政党《せいとう》や派閥《はばつ》をこえて冷静《れいせい》な審議《しんぎ》を行《おこな》う場《ば》であり、「良識《りょうしき》の府《ふ》」とも呼《よ》ばれています。衆議院《しゅうぎいん》が決《き》めたことをいろいろな視点《してん》から改《あらた》めて考《かんが》えるのも参《さん》議院《ぎいん》の大切《たいせつ》な役割《やくわり》です。しかし、最近《さいきん》では参《さん》議院《ぎいん》と衆議院《しゅうぎいん》がほとんど同《おな》じような政党《せいとう》の構《こう》成《せい》になっているので、二院制《にいんせい》の意味《いみ》がないという意見《いけん》もあります。

第《だい》43条《じょう》

［両議院《りょうぎいん》の組織《そしき》］［全国民《ぜんこくみん》の代表《だいひょう》］

衆議院《しゅうぎいん》と参議院《さんぎいん》の議員《ぎいん》の選《えら》び方《かた》

意味《いみ》

①衆議院《しゅうぎいん》も参議院《さんぎいん》も選挙《せんきょ》で選《えら》ばれた人《ひと》たちがメンバーになるよ。国会議員《こっかいぎいん》は日本国民全体《にほんこくみんぜんたい》の代表《だいひょう》なんだよ。

②それぞれの議院《ぎいん》の議員《ぎいん》の数《かず》は憲法《けんぽう》じゃなくて、法律《ほうりつ》で決《き》めるよ。

原文《げんぶん》

①両議院《りょうぎいん》は、全国民《ぜんこくみん》を代表《だいひょう》する選挙《せんきょ》された議員《ぎいん》でこれを組織《そしき》する。

②両議院《りょうぎいん》の議員《ぎいん》の定数《ていすう》は、法律《ほうりつ》でこれを定《さだ》める。

解説《かいせつ》

国会議員《こっかいぎいん》は「全国民《ぜんこくみん》の代表《だいひょう》」

二院制《にいんせい》の国《くに》の多《おお》くでは、2つの議院《ぎいん》がそれぞれ異《こと》なった集団《しゅうだん》の代表《だいひょう》になっています。たとえば、アメリカでは上院《じょういん》が「各州《かくしゅう》の代表《だいひょう》」で、下院《かいん》が「国民《こくみん》の代表《だいひょう》」です。一方《いっぽう》、日本《にほん》の衆議院《しゅうぎいん》と参議院《さんぎいん》は、どちらも「全国民《ぜんこくみん》の代《だい》表《ひょう》」なのが特徴的《とくちょうてき》です。

国会議員《こっかいぎいん》の選挙《せんきょ》は、比例区《ひれいく》を別《べつ》にすれば全《ぜん》国各地《こくかくち》を細《こま》かな「選挙区《せんきょく》」に分《わ》けて行《おこな》う仕組《しく》みになっています。それでも、国会議員《こっかいぎいん》は地《じ》元《もと》の代表《だいひょう》ではなく「全国民《ぜんこくみん》の代表《だいひょう》」であるということには注意《ちゅうい》しましょう。「この街《まち》を良《よ》くします」「地元《じもと》に高速道路《こうそくどうろ》を作《つく》ります」など、地元《じもと》の人《ひと》だけが得《とく》をすることを考《かんが》えるのではなく、国会議員《こっかいぎいん》は日本全体《にほんぜんたい》のことを考《かんが》えて活動《かつどう》しなければならないというのが憲法《けんぽう》のいっていることです。だから投《とう》票《ひょう》する人《ひと》も国会議員《こっかいぎいん》を選《えら》ぶ時《とき》は、「わたしが住《す》んでいる町《まち》を良《よ》くしてほしい」という視点《してん》ではなく、「日本《にほん》を良《よ》くしてほしい」という視点《してん》から一票《いっぴょう》を投《とう》じたいものです。

国会議員《こっかいぎいん》は自民党《じみんとう》や民進党《みんしんとう》など、自分《じぶん》の考《かんが》え方《かた》に合《あ》う「政党《せいとう》」に入《はい》っているのが一般的《いっぱんてき》です。そして、選挙《せんきょ》で一番多《いちばんおお》く当選《とうせん》し、内閣《ないかく》総理大臣《そうりだいじん》を支《ささ》える政党《せいとう》を「与党《よとう》」といい、それ以外《いがい》の政党《せいとう》を「野党《やとう》」といいます。与党《よとう》と野党《やとう》が入《い》れ替《か》わることを「政権交代《せいけんこうたい》」といいますが、戦後《せんご》の日本《にほん》ではあまり起《お》きていません。

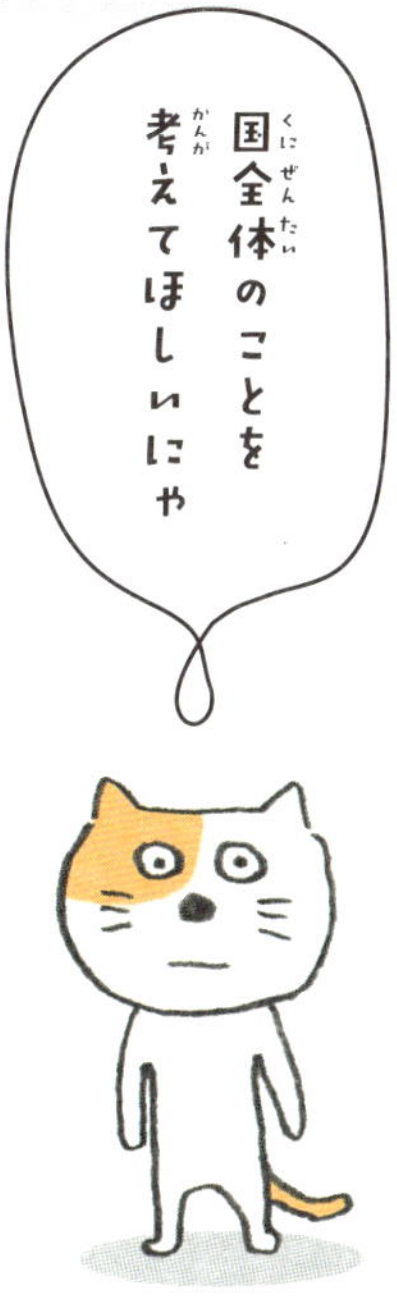

自分《じぶん》がいいと思《おも》う人《ひと》の名前《なまえ》を書《か》くんだよ

第《だい》44条《じょう》
【議員《ぎいん》および選挙人《せんきょにん》の資格《しかく》】

議《ぎ》員《いん》の資《し》格《かく》と投《とう》票《ひょう》権《けん》者《じゃ》の資《し》格《かく》

意《い》味《み》

議員《ぎいん》にはだれがなれるか、議員《ぎいん》を選《えら》べるのはだれかってことについては、法律《ほうりつ》で決《き》めるよ。
でも、はだの色《いろ》や、考《かんが》え方《かた》や、性別《せいべつ》、どんな職業《しょくぎょう》か、出身地《しゅっしんち》がどこか、どこの学校《がっこう》を出《で》たか、金持《かねも》ちかどうか、といったことで差別《さべつ》しちゃいけないよ。

原《げん》文《ぶん》

両議院《りょうぎいん》の議員及《ぎいんおよ》びその選挙人《せんきょにん》の資格《しかく》は、法律《ほうりつ》でこれを定《さだ》める。但《ただ》し、人種《じんしゅ》、信条《しんじょう》、性別《せいべつ》、社会的身分《しゃかいてきみぶん》、門地《もんち》、教育《きょういく》、財産又《ざいさんまた》は収入《しゅうにゅう》によって差別《さべつ》してはならない。

投 … 投票《とうひょう》できる資格《しかく》
衆 … 衆議院議員《しゅうぎいんぎいん》になれる資格《しかく》
参 … 参議院議員《さんぎいんぎいん》になれる資格《しかく》

解説《かいせつ》

選挙《せんきょ》に出《で》られる人《ひと》、投票《とうひょう》できる人《ひと》の条件《じょうけん》

選挙《せんきょ》に立候補《りっこうほ》できる資格《しかく》のことを「被選挙権《ひせんきょけん》」といい、選挙《せんきょ》で投票《とうひょう》できる資格《しかく》のことを「選挙権《せんきょけん》」といいます。現在《げんざい》の被選挙権《ひせんきょけん》は衆議院《しゅうぎいん》が満《まん》25歳以上《さいいじょう》で、参議院《さんぎいん》が満《まん》30歳以上《さいいじょう》です。選挙権《せんきょけん》は長《なが》らく満《まん》20歳以上《さいいじょう》でしたが、国政《こくせい》では2016年《ねん》7月《がつ》の参議院選挙《さんぎいんせんきょ》から満《まん》18歳以上《さいいじょう》に引《ひ》き下《さ》げられました。この年齢《ねんれい》は憲法《けんぽう》が決《き》めているのではなく、44条《じょう》にあるように法律《ほうりつ》（「公職選挙法《こうしょくせんきょほう》」という名前《なまえ》の法律《ほうりつ》です）で変更《へんこう》が可能《かのう》です。選挙権《せんきょけん》を満《まん》15歳以上《さいいじょう》にするといったことも、法律《ほうりつ》さえ変《か》えてしまえばありうる話《はなし》なのです。

この説明《せつめい》でわかるように、選挙《せんきょ》に出《で》るのも投票《とうひょう》するのも、条件《じょうけん》になっているのは年齢《ねんれい》だけです。44条《じょう》の「但《ただ》し」より後《うし》ろの部分《ぶぶん》によって、それが強調《きょうちょう》されています。人種《じんしゅ》や性別《せいべつ》、家柄《いえがら》などによって差別《さべつ》してはいけないというのは、先《さき》に説明《せつめい》した14条《じょう》の「法《ほう》の下《もと》の平等《びょうどう》」と同《おな》じですが、この44条《じょう》には「教育《きょういく》、財産又《ざいさんまた》は収入《しゅうにゅう》」という文言《もんごん》が加《くわ》わっています。

明治時代《めいじじだい》には当時《とうじ》の金額《きんがく》で15円以上《えんいじょう》の税金《ぜいきん》を納《おさ》めている男性《だんせい》だけに選挙権《せんきょけん》があたえられるなど、裕福《ゆうふく》な男性《だんせい》しか選挙《せんきょ》に参加《さんか》できないという制限《せいげん》がありました。日本国憲法《にほんこくけんぽう》の44条《じょう》は、そうした財産《ざいさん》や性別《せいべつ》による政治参加《せいじさんか》の差別《さべつ》をみとめず、平等《びょうどう》に選挙《せんきょ》が行《おこな》われることを定《さだ》めているのです。

第《だい》59条《じょう》

[法律案《ほうりつあん》の可決《かけつ》][衆議院《しゅうぎいん》の優越《ゆうえつ》]

法《ほう》律《りつ》を作《つく》るには？

意味《いみ》

①法律《ほうりつ》を作《つく》りたいときは、
衆議院《しゅうぎいん》と参議院《さんぎいん》でOKが出《で》たら作《つく》れるよ。
でも、この憲法《けんぽう》に書《か》いてある例外《れいがい》は別《べつ》ね。

②もし衆議院《しゅうぎいん》でOKが出《で》たのに、
参議院《さんぎいん》でダメになったら、
もう1度《ど》、衆議院《しゅうぎいん》で話《はな》し合《あ》いをするよ。
そして話《はな》し合《あ》いに出席《しゅっせき》した議員《ぎいん》の
3分《ぶん》の2以上《いじょう》がさんせいしたら、
法律《ほうりつ》ができるよ。

原文《げんぶん》

①法律案《ほうりつあん》は、
この憲法《けんぽう》に特別《とくべつ》の定《さだめ》のある場合《ばあい》を除《のぞ》いては、
両議院《りょうぎいん》で可決《かけつ》したとき法律《ほうりつ》となる。

②衆議院《しゅうぎいん》で可決《かけつ》し、
参議院《さんぎいん》でこれと異《こと》なつた議決《ぎけつ》をした法律案《ほうりつあん》は、
衆議院《しゅうぎいん》で出席議員《しゅっせきぎいん》の三分《さんぶん》の二《に》以上《いじょう》の多数《たすう》で
再《ふたた》び可決《かけつ》したときは、
法律《ほうりつ》となる。

[③、④は略《りゃく》]

解説《かいせつ》

両議院《りょうぎいん》でみとめられたものが法律《ほうりつ》になる

新《あたら》しい法律《ほうりつ》のもとになる法律案《ほうりつあん》（法案《ほうあん》）は、内閣《ないかく》から出《だ》される場合《ばあい》と国会議員《こっかいぎいん》から出《だ》される場合《ばあい》とがあります。そして、どちらかの議《ぎ》院《いん》に提出《ていしゅつ》された法律案《ほうりつあん》は、衆議院《しゅうぎいん》と参議院《さんぎいん》で話《はな》し合《あ》いを行《おこな》い、両方《りょうほう》でみとめられた場合《ばあい》に新《あたら》しい法律《ほうりつ》となります。

しかし、時《とき》には衆議院《しゅうぎいん》と参議院《さんぎいん》で意見《いけん》が食《く》い違《ちが》うことがあります。それによって法案《ほうあん》が何《なに》も決《き》まらなくなると、政治《せいじ》の動《うご》きがストップしてしまうこともありえます。そこで出《で》てくるのが、憲法《けんぽう》にある「衆議院《しゅうぎいん》の優越《ゆうえつ》」と呼《よ》ばれるルールです。

これは、衆議院《しゅうぎいん》を通過《つうか》した法律案《ほうりつあん》が参議院《さんぎいん》で否決《ひけつ》された場合《ばあい》、再《ふたた》び衆議院《しゅうぎいん》で採決《さいけつ》し、3分《ぶん》の2以上《いじょう》（「特別多数《とくべつたすう》」といいます）の賛《さん》成《せい》が得《え》られれば、参議院《さんぎいん》の賛成《さんせい》がなくても法《ほう》律《りつ》を作《つく》れるというルールです。

しかし、これはすなわち、1つの党《とう》だけで衆議院全体《しゅうぎいんぜんたい》の3分《ぶん》の2以上《いじょう》の議席《ぎせき》を持《も》っていれば、基本的《きほんてき》にはどんな法律《ほうりつ》も作《つく》れてしまうということを意味《いみ》します。政党《せいとう》どうしの意見《いけん》が分《わ》かれていつまでたっても考《かんが》えがまとまらないというのも困《こま》りますが、強《つよ》い党《とう》の考《かんが》えだけで何《なん》でもかんでも決《き》まってしまうというのも危険《きけん》な場合《ばあい》があります。それだけにわたしたちは政治《せいじ》の動《うご》きにつねに目《め》を向《む》けていなければならないのです。

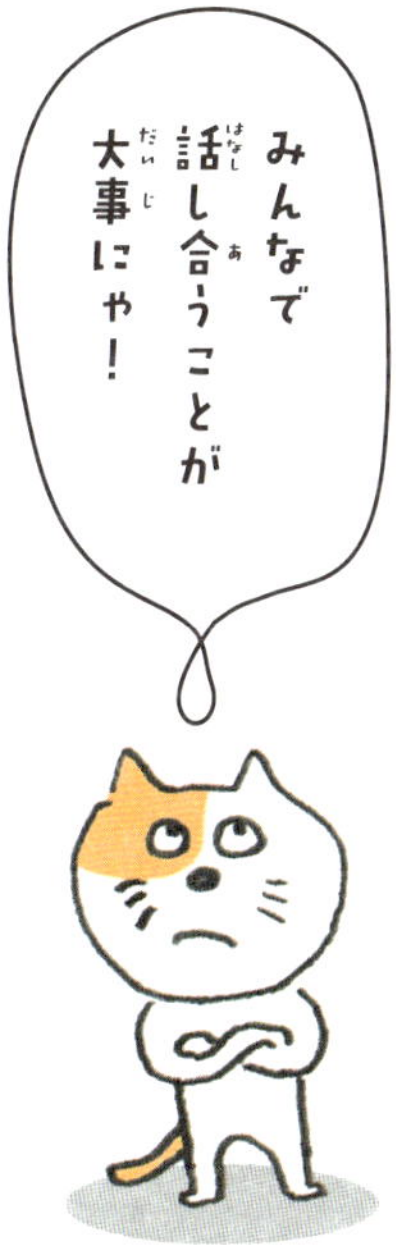

第《だい》65・67・68条《じょう》

［行政権《ぎょうせいけん》］［内閣総理大臣《ないかくそうりだいじん》の指名《しめい》］［国務大臣《こくむだいじん》の任命《にんめい》および罷免《ひめん》］

内閣《ないかく》の成《な》り立《た》ち

意《い》味《み》

〈第《だい》65条《じょう》〉
国会《こっかい》で決《き》められたことや国《くに》の政治《せいじ》を実際《じっさい》に行《おこな》うのは「内閣《ないかく》」だよ。

原文《げんぶん》

第六十五条《だいろくじゅうごじょう》
行政権《ぎょうせいけん》は、
内閣《ないかく》に属《ぞく》する。

〈第《だい》67条《じょう》〉

①内閣総理大臣《ないかくそうりだいじん》は
国会議員《こっかいぎいん》でないとなれないよ。
国会議員《こっかいぎいん》みんなで国会《こっかい》で選《えら》ぶよ。
ほかに議題《ぎだい》があっても
最初《さいしょ》に総理大臣《そうりだいじん》を決《き》めるよ。

②総理《そうり》を選《えら》ぶとき、
衆議院《しゅうぎいん》の選《えら》んだ人《ひと》と
参議院《さんぎいん》の選《えら》んだ人《ひと》が別々《べつべつ》で、
話《はな》し合《あ》ってもまとまらなかったり、
参議院《さんぎいん》がなかなかひとりに
決《き》めないときは、
衆議院《しゅうぎいん》の選《えら》んだ人《ひと》で
OKってことにするよ。

第六十七条《だいろくじゅうななじょう》

①内閣総理大臣《ないかくそうりだいじん》は、
国会議員《こっかいぎいん》の中《なか》から国会《こっかい》の議決《ぎけつ》で、
これを指名《しめい》する。
この指名《しめい》は、他《た》のすべての案件《あんけん》に先《さき》だつて、
これを行《おこな》ふ。

②衆議院《しゅうぎいん》と参議院《さんぎいん》とが
異《こと》なつた指名《しめい》の議決《ぎけつ》をした場合《ばあい》に、
法律《ほうりつ》の定《さだ》めるところにより、
両議院《りょうぎいん》の協議会《きょうぎかい》を開《ひら》いても意見《いけん》が一致《いっち》しないとき、
又《また》は衆議院《しゅうぎいん》が指名《しめい》の議決《ぎけつ》をした後《のち》、
国会休会中《こっかいきゅうかいちゅう》の期間《きかん》を除《のぞ》いて十日《とおか》以内《いない》に、
参議院《さんぎいん》が、指名《しめい》の議決《ぎけつ》をしないときは、
衆議院《しゅうぎいん》の議決《ぎけつ》を国会《こっかい》の議決《ぎけつ》とする。

▼内閣総理大臣指名選挙《ないかくそうりだいじんしめいせんきょ》
国会《こっかい》において内閣総理大臣《ないかくそうりだいじん》を指名《しめい》する選挙《せんきょ》

第《だい》65・67・68条《じょう》

［行政権《ぎょうせいけん》］［内閣総理大臣《ないかくそうりだいじん》の指名《しめい》］［国務大臣《こくむだいじん》の任命《にんめい》および罷免《ひめん》］

〈第《だい》68条《じょう》〉

①総理大臣《そうりだいじん》は
ほかの大臣《だいじん》をだれにするか
決《き》めることができるよ。
でも大臣《だいじん》の半分以上《はんぶんいじょう》は
国会議員《こっかいぎいん》の中《なか》から
選《えら》ばないといけないよ。
②総理大臣《そうりだいじん》は
ほかの大臣《だいじん》を自由《じゆう》に
辞《や》めさせることもできるよ。

第六十八条《だいろくじゅうはちじょう》
①内閣総理大臣《ないかくそうりだいじん》は、
国務大臣《こくむだいじん》を
任命《にんめい》する。
但《ただ》し、その過半数《かはんすう》は、
国会議員《こっかいぎいん》の中《なか》から
選《えら》ばれなければならない。
②内閣総理大臣《ないかくそうりだいじん》は、
任意《にんい》に国務大臣《こくむだいじん》を
罷免《ひめん》することができる。

防衛大臣《ぼうえいだいじん》
防衛省《ぼうえいしょう》のトップで自衛隊《じえいたい》を
監督《かんとく》するよ

外務大臣《がいむだいじん》
外交《がいこう》に関《かん》する行政機関《ぎょうせいきかん》・
外務省《がいむしょう》のトップだよ

財務大臣《ざいむだいじん》
日本《にほん》のお金《かね》を管理《かんり》する
財務省《ざいむしょう》のトップだよ

解説《かいせつ》

内閣総理大臣《ないかくそうりだいじん》の権力《けんりょく》はとても強《つよ》い

65条《じょう》の行政権《ぎょうせいけん》とは「政治《せいじ》を行《おこな》う力《ちから》」のこと。国会《こっかい》の立法権《りっぽうけん》、裁判所《さいばんしょ》の司法権《しほうけん》と並《なら》ぶ「三権《さんけん》分立《ぶんりつ》」の1つで、この三者《さんしゃ》がバランスを取《と》ることで、権力《けんりょく》が一《いっ》カ所《しょ》に集《あつ》まらない仕組《しく》みを作《つく》っています。

67条《じょう》は、日本《にほん》のリーダーである内閣総理大《ないかくそうりだい》臣《じん》がどのように選《えら》ばれるのかを定《さだ》めています。「衆議院《しゅうぎいん》と参議院《さんぎいん》とが異《こと》なった指名《しめい》の議決《ぎけつ》をした場合《ばあい》」とありますが、衆議院《しゅうぎいん》と参議院《さんぎいん》の多数派《たすうは》が逆転《ぎゃくてん》した「ねじれ国会《こっかい》」と呼《よ》ばれる状態《じょうたい》の時《とき》には、両議院《りょうぎいん》で別々《べつべつ》の人《ひと》が内閣総理《ないかくそうり》大臣《だいじん》に指名《しめい》されることもあります。その際《さい》は最終的《さいしゅうてき》には衆議院《しゅうぎいん》の指名《しめい》が優先《ゆうせん》されることになります。

68条《じょう》のポイントは、内閣総理大臣《ないかくそうりだいじん》の持《も》つ権《けん》力《りょく》は非常《ひじょう》に強《つよ》いという点《てん》です。新《あたら》しく内閣総《ないかくそう》理大臣《りだいじん》に選《えら》ばれた人《ひと》がまず行《おこな》うことが「組《そ》閣《かく》」で、各省庁《かくしょうちょう》をまとめる国務大臣《こくむだいじん》を任命《にんめい》して内閣《ないかく》を組織《そしき》します。国務大臣《こくむだいじん》は「閣僚《かくりょう》」とも呼《よ》ばれ、財務大臣《ざいむだいじん》や外務大臣《がいむだいじん》、総務大臣《そうむだいじん》などがあります。その一方《いっぽう》で、国務大臣《こくむだいじん》を任意《にんい》に辞《や》めさせられるのも内閣総理大臣《ないかくそうりだいじん》の特権《とっけん》です。「任意《にんい》に」というのは、理由《りゆう》は何《なん》でもいいということ。たとえば、「気《き》が合《あ》わないから」といった個人的《こじんてき》な理由《りゆう》だけで省庁《しょうちょう》のトップを代《か》えることも、憲法《けんぽう》のルールではみとめられているのです。

文部科学大臣《もんぶかがくだいじん》

教育《きょういく》に関《かん》する行政機《ぎょうせいき》関《かん》・文部科学省《もんぶかがくしょう》のトップだよ

内閣官房長官《ないかくかんぼうちょうかん》

内閣《ないかく》の公式発表《こうしきはっぴょう》をするスポークスマンでもあるよ

第《だい》69条《じょう》

〔内閣《ないかく》の不信任《ふしんにん》とその効果《こうか》〕

内閣《ないかく》の総辞職《そうじしょく》・衆議院の解散

意《い》味《み》

衆議院《しゅうぎいん》が
「この内閣《ないかく》はダメだ」って決《き》めたら、
内閣《ないかく》のメンバーは
みんな辞《や》めなきゃダメだよ。
でも10日以内《かいない》に、
「衆議院《しゅうぎいん》の全議員《ぜんぎいん》を選《えら》び直《なお》そう」ってなったら
話《はなし》は別《べつ》だよ。

原文《げんぶん》

内閣《ないかく》は、衆議院《しゅうぎいん》で
不信任《ふしんにん》の決議案《けつぎあん》を可決《かけつ》し、
又《また》は信任《しんにん》の決議案《けつぎあん》を否決《ひけつ》したときは、
十日以内《とおかいない》に衆議院《しゅうぎいん》が解散《かいさん》されない限《かぎ》り、
総辞職《そうじしょく》をしなければならない。

解《かい》説《せつ》

内《ない》閣《かく》と国《こっ》会《かい》のきゅうきょくの対《たい》立《りつ》？

国会議員《こっかいぎいん》の中《なか》に内閣《ないかく》に対《たい》する不満《ふまん》がたまってくると、内閣《ないかく》の存続《そんぞく》を問《と》う「内閣不信任《ないかくふしんにん》案《あん》」が衆議院《しゅうぎいん》に出《だ》されます。この案《あん》に過半数《かはんすう》の賛成《さんせい》があると、内閣総理大臣《ないかくそうりだいじん》は衆議院《しゅうぎいん》を「解散《かいさん》」するか「内閣総辞職《ないかくそうじしょく》」するかを選《えら》ばなければなりません。

衆議院《しゅうぎいん》の「解散《かいさん》」が決《き》まると、その日《ひ》から40日以内《にちいない》に総選挙《そうせんきょ》を行《おこな》います（54条《じょう》）。つまり国民《こくみん》に衆議院議員《しゅうぎいんぎいん》を選《えら》び直《なお》してもらうわけです。与党《よとう》が選挙《せんきょ》に勝《か》てば内閣《ないかく》は国民《こくみん》の支持《しじ》を得《え》たということになるので内閣《ないかく》はほぼそのまま続《つづ》きますが、もし選挙《せんきょ》に負《ま》ければ政権交《せいけんこう》代《たい》です。総理大臣《そうりだいじん》でも落選《らくせん》してしまえば議員《ぎいん》ではなくなるのですから、解散《かいさん》は内閣《ないかく》にとって大《おお》きな賭《か》けといえます。

一方《いっぽう》の「内閣総辞職《ないかくそうじしょく》」とは、内閣総理大臣《ないかくそうりだいじん》と国務大臣《こくむだいじん》が一斉《いっせい》に辞《や》めること。そして新《あたら》しい総理大臣《そうりだいじん》を選《えら》んで（67条《じょう》）、内閣《ないかく》を作《つく》り直《なお》そうということです。また、内閣総理大臣《ないかくそうりだいじん》が在任中《ざいにんちゅう》に亡《な》くなった場合《ばあい》や総選挙《そうせんきょ》のあとにも、内閣総辞職《ないかくそうじしょく》が行《おこな》われます（70条《じょう》）。

日本国憲法《にほんこくけんぽう》を作《つく》った人《ひと》たちは、内閣《ないかく》が好《す》き勝手《かって》に解散《かいさん》をくり返《かえ》すことがないよう、「内《ない》閣不信任案《かくふしんにんあん》」が可決《かけつ》（または「内閣信任案《ないかくしんにんあん》」が否決《ひけつ》）された時《とき》だけに衆議院《しゅうぎいん》が解散《かいさん》されると考《かんが》えていました。しかし実際《じっさい》には、選挙《せんきょ》で勝《か》てそうな時《とき》に内閣《ないかく》が自由《じゆう》に解散《かいさん》を決定《けってい》することがほとんどで、69条《じょう》の不信任案可決《ふしんにんあんかけつ》によって衆議院《しゅうぎいん》が解散《かいさん》された例《れい》は、これまでに4度《ど》しかありません。

【司法権《しほうけん》】【裁判所《さいばんしょ》】【特別裁判所《とくべつさいばんしょ》の禁止《きんし》】【裁判官《さいばんかん》の独立《どくりつ》】

司《し》法《ほう》のあり方《かた》

意《い》味《み》

①法律《ほうりつ》で争《あらそ》いを解決《かいけつ》することができるのは最高裁判所《さいこうさいばんしょ》とその下《した》にある裁判所《さいばんしょ》だけだよ。

②最高裁判所《さいこうさいばんしょ》の指示《しじ》を受《う》けない特別《とくべつ》な裁判所《さいばんしょ》は作《つく》っちゃダメだよ。内閣《ないかく》やお役所《やくしょ》は、裁判《さいばん》をして最後《さいご》の決定《けってい》をしちゃいけないよ。

③裁判官《さいばんかん》は、だれかの意見《いけん》のいいなりにならず、自分《じぶん》の心《こころ》ではんだんするんだよ。裁判官《さいばんかん》がしたがうのは、この憲法《けんぽう》と法律《ほうりつ》だけなんだ。

原《げん》文《ぶん》

①すべて司法権《しほうけん》は、最高裁判所《さいこうさいばんしょ》及《およ》び法律《ほうりつ》の定《さだ》めるところにより設置《せっち》する下級裁判所《かきゅうさいばんしょ》に属《ぞく》する。

②特別裁判所《とくべつさいばんしょ》は、これを設置《せっち》することができない。行政機関《ぎょうせいきかん》は、終審《しゅうしん》として裁判《さいばん》を行《おこな》ふことができない。

③すべて裁判官《さいばんかん》は、その良心《りょうしん》に従《したが》ひ独立《どくりつ》してその職権《しょっけん》を行《おこな》ひ、この憲法《けんぽう》及《およ》び法律《ほうりつ》にのみ拘束《こうそく》される。

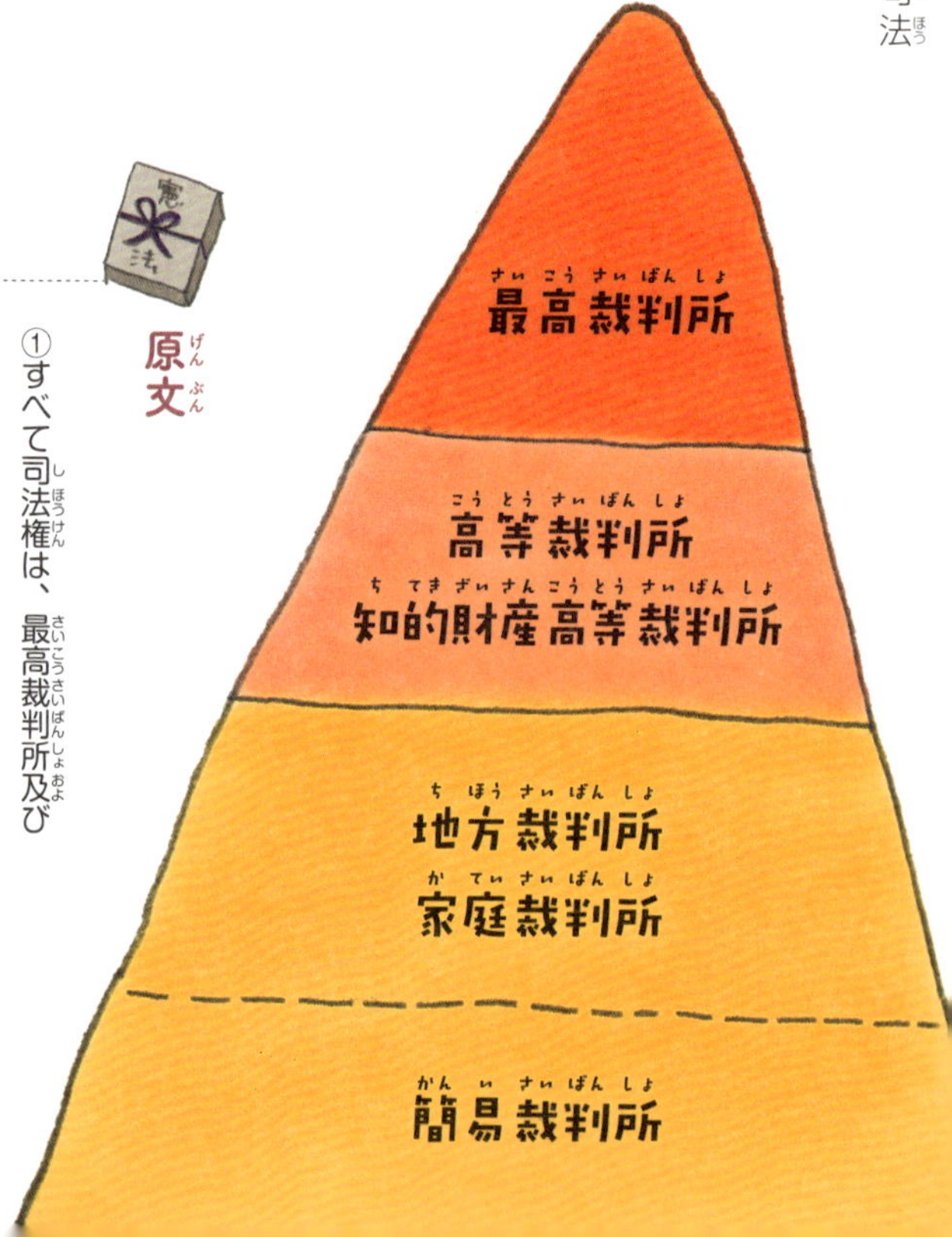

解説《かいせつ》

公平《こうへい》で公正《こうせい》な裁判《さいばん》を行《おこな》うために

原文《げんぶん》にある司法権《しほうけん》とは、法律《ほうりつ》を使《つか》って争《あらそ》いごとを解決《かいけつ》する権限《けんげん》のことで、73ページでもふれた「三権分立《さんけんぶんりつ》」の1つです。憲法《けんぽう》では最高裁判所《さいこうさいばんしょ》だけが定《さだ》められていて、その下《した》の裁判所《さいばんしょ》をどのようにするかは法律《ほうりつ》で決《き》めてよいことになっています。今《いま》の日本《にほん》では、審議《しんぎ》を慎重《しんちょう》に行《おこな》うために、地方裁判所《ちほうさいばんしょ》、高等裁判所《こうとうさいばんしょ》、最高裁判所《さいこうさいばんしょ》という順番《じゅんばん》の三審制《さんしんせい》（1つの事件《じけん》で最大《さいだい》3回《かい》の裁判《さいばん》が受《う》けられる制度《せいど》）がとられています。

②の〝特別裁判所《とくべつさいばんしょ》〟というのは、戦前《せんぜん》の日本《にほん》にもあった行政裁判所《ぎょうせいさいばんしょ》や軍事裁判所《ぐんじさいばんしょ》（軍法会議《ぐんぽうかいぎ》）などのことです。簡単《かんたん》にいうと、最高裁判所《さいこうさいばんしょ》の下《した》にない独立《どくりつ》した裁判所《さいばんしょ》は置《お》けないということです。

さて、この76条《じょう》で特《とく》に重要《じゅうよう》なのが③で、ここには裁判官《さいばんかん》のあるべき姿《すがた》が書《か》かれています。

裁判《さいばん》というものは、時《とき》にそれを受《う》ける人《ひと》の一生《いっしょう》を大《おお》きく変《か》えてしまうものです。それゆえにひとりひとりの裁判官《さいばんかん》は「良心《りょうしん》」、すなわち自分《じぶん》が正《ただ》しいと思《おも》う心《こころ》にしたがって裁判《さいばん》を行《おこな》うべきだとしています。条文《じょうぶん》にある「独立《どくりつ》」という言葉《ことば》は、裁判《さいばん》を行《おこな》うにあたって上司《じょうし》や先輩《せんぱい》の命令《めいれい》にも従《したが》う必要《ひつよう》はないという意味《いみ》です。裁判官《さいばんかん》が憲法《けんぽう》と法律《ほうりつ》にのっとってはんだんすることで、公平《こうへい》で公正《こうせい》な裁判《さいばん》が成《な》り立《た》つと期待《きたい》されています。

第《だい》81条《じょう》
［違憲審査権《いけんしんさけん》と最高裁判所《さいこうさいばんしょ》］

最高裁判所《さいこうさいばんしょ》の役割《やくわり》

意味《いみ》

最高裁判所《さいこうさいばんしょ》は、法律《ほうりつ》や命令《めいれい》などが、この憲法《けんぽう》でいってることと違《ちが》わないか最後《さいご》の最後《さいご》に見《み》きわめるところだよ。

原文《げんぶん》

最高裁判所《さいこうさいばんしょ》は、一切《いっさい》の法律《ほうりつ》、命令《めいれい》、規則《きそく》又《また》は処分《しょぶん》が憲法《けんぽう》に適合《てきごう》するかしないかを決定《けってい》する権限《けんげん》を有《ゆう》する終審裁判所《しゅうしんさいばんしょ》である。

解《かい》説《せつ》

違《い》憲《けん》審《しん》査《さ》制《せい》は法《ほう》律《りつ》のチェックマン

81条《じょう》は最高裁判所《さいこうさいばんしょ》やその下《した》の裁判所《さいばんしょ》に「違《い》憲審査《けんしんさ》」の権限《けんげん》がある根拠《こんきょ》となっている条文《じょうぶん》です。違憲審査《いけんしんさ》とは、法律《ほうりつ》や条例《じょうれい》、政府《せいふ》の命《めい》令《れい》などが憲法《けんぽう》に違反《いはん》していないかどうかを判《はん》断《だん》するという、とても重要《じゅうよう》な仕事《しごと》です。

明治時代《めいじじだい》も憲法《けんぽう》は国《くに》にとって最高《さいこう》のルールとされていて、法律《ほうりつ》は憲法《けんぽう》に違反《いはん》してはならないと考《かんが》えられていました。でも、当時《とうじ》は違《い》憲審査《けんしんさ》の制度《せいど》がなかったので、たとえ議会《ぎかい》が憲法《けんぽう》に違反《いはん》するような法律《ほうりつ》を作《つく》ったとしても、だれも文句《もんく》をいえませんでした。なにしろ、それが憲法《けんぽう》に違反《いはん》しているのかどうか、チェックする手段《しゅだん》がなかったからです。

違憲審査制《いけんしんさせい》がある今《いま》は、議会《ぎかい》が合憲《ごうけん》として作《つく》った法律《ほうりつ》であっても別《べつ》の第三者《だいさんしゃ》、つまりは裁判所《さいばんしょ》によって憲法違反《けんぽういはん》（違憲《いけん》）だと判断《はんだん》されることがあります。

41条《じょう》には「国会《こっかい》は国権《こっけん》の最高機関《さいこうきかん》」と書《か》かれているのに、その国会《こっかい》で議論《ぎろん》を重《かさ》ねて作《つく》った法律《ほうりつ》を裁判所《さいばんしょ》が憲法違反《けんぽういはん》と判断《はんだん》できることには、違和感《いわかん》を覚《おぼ》えるかもしれませんね。憲《けん》法《ぽう》があえてこうした制度《せいど》を置《お》いているのは、国会《こっかい》も時《とき》には間違《まちが》ってしまうことがある、と考《かんが》えているからなのです。

税《ぜい》のルールは法《ほう》律《りつ》で決《き》めなくてはダメ

意味《いみ》

新《あたら》しく税金《ぜいきん》を取《と》ったり、
今《いま》の税金《ぜいきん》を変《か》えたりするときは
国会《こっかい》で法律《ほうりつ》を作《つく》らないと
ダメだよ。

原文《げんぶん》

あらたに租税《そぜい》を課《か》し、
又《また》は現行《げんこう》の租税《そぜい》を変更《へんこう》するには、
法律《ほうりつ》又《また》は法律《ほうりつ》の定《さだ》める条件《じょうけん》によることを
必要《ひつよう》とする。

解《かい》説《せつ》

知《し》っておきたい税金《ぜいきん》のルール

国《くに》は、国民《こくみん》から税金《ぜいきん》を集《あつ》めて、国《くに》のいろいろな活動《かつどう》の資金《しきん》にしています。大《おお》きくなって働《はたら》くようになるとよくわかりますが、生活《せいかつ》をしていくうえでは本当《ほんとう》に様々《さまざま》な税金《ぜいきん》がかかります。たとえば、毎月《まいつき》のお給料《きゅうりょう》からは所得税《しょとくぜい》が引《ひ》かれ、住《す》んでいる街《まち》には住民税《じゅうみんぜい》を支払《しはら》い、家《いえ》や土地《とち》を持《も》てば固定資産税《こていしさんぜい》がかかります。しかし、これらの税金《ぜいきん》も、すべて国民《こくみん》の代表《だいひょう》である国会《こっかい》の議論《ぎろん》で決《き》まった法律《ほうりつ》にもとづいています。

政府《せいふ》の考《かんが》えだけで税金《ぜいきん》を増《ふ》やしたり、新《あたら》しい税《ぜい》を作《つく》ることはできません。それには国会《こっかい》で法律《ほうりつ》を作《つく》ることが必要《ひつよう》です。そうした考《かんが》え方《かた》を、「租税法律主義《そぜいほうりつしゅぎ》」と呼《よ》びます。

新《あたら》しい税《ぜい》を作《つく》るとは、たとえばホテルに泊《と》まる人《ひと》に「ホテル税《ぜい》」を払《はら》わせたり、映画館《えいがかん》や遊園地《ゆうえんち》のチケット代《だい》に「娯楽税《ごらくぜい》」を加《くわ》えるといったこと。そして、税《ぜい》のルールを変《か》えるというのは、消費税《しょうひぜい》の税率《ぜいりつ》を変《か》えることや、環境《かんきょう》に優《やさ》しい自動車《じどうしゃ》にかかる税金《ぜいきん》を安《やす》くするといったことがあたります。

ちなみに、みなさんにとって最《もっと》も身近《みぢか》な税《ぜい》金《きん》は、おそらく消費税《しょうひぜい》でしょう。現在《げんざい》の日本《にほん》の消費税率《しょうひぜいりつ》は８％ですが、これは世界《せかい》の国々《くにぐに》の中《なか》で１４１番目《ばんめ》の高《たか》さです。福祉《ふくし》の充実《じゅうじつ》したヨーロッパの国《くに》の中《なか》には、なんと25％以《い》上《じょう》の消費税《しょうひぜい》がかかる国《くに》もあります。

第《だい》90条《じょう》

［決算《けっさん》］［会計検査院《かいけいけんさいん》］

国《くに》の決算《けっさん》について

意《い》味《み》

①国《くに》がいくらお金《かね》をもらって、いくら使《つか》ったかについては、すべて会計検査院《かいけいけんさいん》というところが毎年《まいとし》チェックするよ。内閣《ないかく》は次《つぎ》の年度《ねんど》の国会《こっかい》に、その金額《きんがく》と、チェックの報告《ほうこく》を出《だ》して見《み》せなきゃいけないよ。

原《げん》文《ぶん》

①国《くに》の収入支出《しゅうにゅうししゅつ》の
決算《けっさん》は、
すべて毎年《まいとし》会計検査院《かいけいけんさいん》が
これを検査《けんさ》し、
内閣《ないかく》は、次《つぎ》の年度《ねんど》に、その検査報告《けんさほうこく》とともに、
これを国会《こっかい》に提出《ていしゅつ》しなければならない。

［②は略《りゃく》］

解説《かいせつ》

税金《ぜいきん》の使《つか》い方《かた》は正《ただ》しく適切《てきせつ》に

「決算《けっさん》」とは、企業《きぎょう》や団体《だんたい》が一定《いってい》の期間《きかん》に出《で》入《はい》りしたお金《かね》を計算《けいさん》し、もうかった額《がく》や損《そん》した額《がく》をはっきりさせる作業《さぎょう》です。

税金《ぜいきん》は国民《こくみん》から集《あつ》めた大切《たいせつ》なお金《かね》です。だからこそ、国民《こくみん》の政治《せいじ》への信頼《しんらい》を失《うしな》わないためにも、何《なに》にどう使《つか》っているかはわかりやすく明《あき》らかにしなければなりません。「会計検《かいけいけん》査院《さいん》」とは、そうした公共《こうきょう》のお金《かね》の出《で》入《はい》りをチェックする組織《そしき》です。

国《くに》の決算《けっさん》は年《ねん》に一度《いちど》で、4月1日《がつついたち》から次《つぎ》の年《とし》の3月《がつ》31日《にち》までを一区切《ひとくぎ》りの期間《きかん》にしています。会計検査院《かいけいけんさいん》は、国《くに》の決算《けっさん》が正《ただ》しく行《おこな》われていることをチェックして「検査報告書《けんさほうこくしょ》」というものを作《つく》ります。そして、内閣《ないかく》は決算《けっさん》と検査報告書《けんさほうこくしょ》を一緒《いっしょ》にして、次《つぎ》の年度《ねんど》の国会《こっかい》に提出《ていしゅつ》しなければならないというのが憲法《けんぽう》のルールです。

会計検査院《かいけいけんさいん》のもう1つの仕事《しごと》が、国《くに》や都道《とどう》府県《ふけん》・市町村《しちょうそん》に属《ぞく》する組織《そしき》のお金《かね》の出《で》入《はい》りをチェックすることです。決算《けっさん》は年《ねん》に一度《いちど》のイベントですが、それ以外《いがい》の時期《じき》にも「税金《ぜいきん》のむだ遣《づか》いがないか」、各組織《かくそしき》を定期的《ていきてき》に検査《けんさ》しています。

現在《げんざい》の制度《せいど》では、会計検査院《かいけいけんさいん》は、内閣《ないかく》にも国会《こっかい》にも裁判所《さいばんしょ》にも属《ぞく》さず、高《たか》い独立性《どくりつせい》があたえられています。

第《だい》92条《じょう》

【地《ち》方《ほう》自《じ》治《ち》の基《き》本《ほん》原《げん》則《そく》】

地《ち》方《ほう》公《こう》共《きょう》団《だん》体《たい》のルール

意《い》味《み》

県《けん》や市《し》をどんな人《ひと》たちで、どういうふうに動《うご》かしていくかについては法《ほう》律《りつ》で決《き》めるよ。基《き》本《ほん》的《てき》には自《じ》分《ぶん》たちの地《ち》域《いき》のことは自《じ》分《ぶん》たちで決《き》めて動《うご》くんだよ。

原《げん》文《ぶん》

地《ち》方《ほう》公《こう》共《きょう》団《だん》体《たい》の組《そ》織《しき》及《およ》び運《うん》営《えい》に関《かん》する事《じ》項《こう》は、地《ち》方《ほう》自《じ》治《ち》の本《ほん》旨《し》に基《もと》いて、法《ほう》律《りつ》でこれを定《さだ》める。

▶賃《ちん》貸《たい》住《じゅう》宅《たく》紛《ふん》争《そう》防《ぼう》止《し》条《じょう》例《れい》

住《じゅう》宅《たく》の賃《ちん》貸《たい》借《しゃく》に関《かん》するトラブルを防《ぼう》止《し》する

▼子《こ》どもを犯《はん》罪《ざい》の被《ひ》害《がい》から守《まも》る条《じょう》例《れい》

13歳《さい》未《み》満《まん》の子《こ》どもへの声《こえ》かけやつきまといを禁《きん》止《し》する

▲福《ふく》岡《おか》市《し》屋《や》台《たい》基《き》本《ほん》条《じょう》例《れい》

屋《や》台《たい》が街《まち》と共《きょう》生《せい》する存《そん》在《ざい》となることを目《め》指《ざ》す

解説《かいせつ》

法律《ほうりつ》まかせの部分《ぶぶん》が大《おお》きい地方自治《ちほうじち》

　地方公共団体《ちほうこうきょうだんたい》とは、各地《かくち》の都道府県《とどうふけん》やその中《なか》にある市町村《しちょうそん》などのことです。つまり、わたしたちが暮《く》らす街《まち》や地域《ちいき》についての定《さだ》めですが、憲法《けんぽう》ではこの92条《じょう》を含《ふく》めた4カ条《じょう》だけで、内容《ないよう》もあっさりしています。

　原文《げんぶん》の「本旨《ほんし》」というのはちょっと難《むずか》しい言葉《ことば》ですが、これは「本来《ほんらい》あるべき姿《すがた》」とか「理想《りそう》」という意味《いみ》です。つまり、この条文《じょうぶん》は「地方自治《ちほうじち》の本来《ほんらい》あるべき姿《すがた》が実現《じつげん》されるように、法律《ほうりつ》で地方《ちほう》の組織《そしき》と運営《うんえい》のルールを定《さだ》めるべし」という意味《いみ》に解釈《かいしゃく》できます。

　ここで重要《じゅうよう》なのは、この条文《じょうぶん》自体《じたい》には地方《ちほう》自治《じち》の理想《りそう》も国《くに》の義務《ぎむ》も書《か》かれておらず、重《じゅう》要《よう》な部分《ぶぶん》を法律《ほうりつ》にまかせているということです。しかしこのことが、地方《ちほう》に対《たい》して国《くに》の都《つ》合《ごう》のいい法律《ほうりつ》や制度《せいど》を押《お》しつける結果《けっか》にもなっています。たとえば、日本《にほん》にあるアメリカ軍《ぐん》の基地《きち》の約《やく》74%が沖縄《おきなわ》に集中《しゅうちゅう》していることに代表《だいひょう》される沖縄基地問題《おきなわきちもんだい》も、ここにつながっているともいえるでしょう。

　地方自治《ちほうじち》に関《かん》する条文《じょうぶん》の中《なか》には、92条《じょう》と同《おな》じように「法律《ほうりつ》で定《さだ》める」と書《か》かれているものが多《おお》く、そこに憲法《けんぽう》のあいまいさを指摘《してき》する声《こえ》が少《すく》なくありません。そのため、この部《ぶ》分《ぶん》を改正《かいせい》し、地方《ちほう》と国《くに》の関係《かんけい》を憲法《けんぽう》にくわしく書《か》くべきだという考《かんが》え方《かた》もあります。

◀京都府景観条例《きょうとふけいかんじょうれい》
良好《りょうこう》な景観《けいかん》を形成《けいせい》するための対策《たいさく》を進《すす》める

▶北海道消費生活条例《ほっかいどうしょうひせいかつじょうれい》
道民《どうみん》の消費生活《しょうひせいかつ》の安定《あんてい》、向上《こうじょう》を図《はか》る

第《だい》96条《じょう》
〔憲法《けんぽう》改正《かいせい》の手続《てつづ》き〕

憲《けん》法《ぽう》を改《かい》正《せい》するには

意《い》味《み》

①この憲法《けんぽう》を変《か》えるときは、
衆議院《しゅうぎいん》と参議院《さんぎいん》のメンバーの
それぞれ3分《ぶん》の2以上《いじょう》の賛成《さんせい》が必要《ひつよう》で、
さらに国民《こくみん》にも聞《き》かなきゃいけないよ。
国民《こくみん》に投票《とうひょう》してもらって、
半分以上《はんぶんいじょう》が賛成《さんせい》したら変《か》えることができるよ。
②賛成《さんせい》を得《え》られたらすぐに、
天皇《てんのう》が国民《こくみん》のかわりに
みんなに知《し》らせるよ。

原文《げんぶん》

①この憲法《けんぽう》の改正《かいせい》は、各議院《かくぎいん》の総議員《そうぎいん》の
三分《さんぶん》の二《に》以上《いじょう》の賛成《さんせい》で、国会《こっかい》が、これを発議《はつぎ》し、
国民《こくみん》に提案《ていあん》してその承認《しょうにん》を経《へ》なければならない。
この承認《しょうにん》には、特別《とくべつ》の国民投票《こくみんとうひょう》又《また》は国会《こっかい》の定《さだ》める
選挙《せんきょ》の際《さい》行《おこな》はれる投票《とうひょう》において、
その過半数《かはんすう》の賛成《さんせい》を必要《ひつよう》とする。
②憲法改正《けんぽうかいせい》について前項《ぜんこう》の承認《しょうにん》を経《へ》たときは、
天皇《てんのう》は、国民《こくみん》の名《な》で、
この憲法《けんぽう》と一体《いったい》を成《な》すものとして、
直《ただ》ちにこれを公布《こうふ》する。

解《かい》説《せつ》

今話題《いまわだい》の「憲法改正《けんぽうかいせい》」に必要《ひつよう》な条件《じょうけん》は？

２０１７年現在《ねんげんざい》、日本《にほん》では「憲法改正《けんぽうかいせい》」が現実味《げんじつみ》を帯《お》びてきています。日本国憲法《にほんこくけんぽう》は70年《ねん》以上《いじょう》の長《なが》きにわたって一文字《ひともじ》も変《か》えられていない、世界《せかい》の中《なか》でも珍《めずら》しい憲法《けんぽう》です。ただ、改正《かいせい》が不可能《ふかのう》なわけではありません。そのための条件《じょうけん》を定《さだ》めているのが96条《じょう》です。

憲法改正《けんぽうかいせい》の条件《じょうけん》がふつうの法律改正《ほうりつかいせい》の手続《てつづ》きより厳《きび》しくなっている憲法《けんぽう》のことを「硬性《こうせい》憲法《けんぽう》」といいます。日本国憲法《にほんこくけんぽう》も硬性憲法《こうせいけんぽう》で、国会《こっかい》の両院《りょういん》で３分《ぶん》の２以上《いじょう》の賛成《さんせい》と国民投票《こくみんとうひょう》で半分以上《はんぶんいじょう》の賛成《さんせい》を必要《ひつよう》とします。

この厳《きび》しい条件《じょうけん》の中《なか》には憲法《けんぽう》を作《つく》った人《ひと》たちの知恵《ちえ》が感《かん》じられます。なぜなら、全議員《ぜんぎいん》の３分《ぶん》の２の賛成《さんせい》が必要《ひつよう》となると、野党議員《やとうぎいん》の賛成《さんせい》も必要《ひつよう》になるので、与党《よとう》だけに都合《つごう》のいい改正案《かいせいあん》は出《だ》せなくなります。そうして与《よ》党《とう》と野党《やとう》が話《はな》し合《あ》いを重《かさ》ねるうちにバランスのよい憲法案《けんぽうあん》ができ上《あ》がり、そのなりゆきを見《み》ている国民《こくみん》にも国民投票《こくみんとうひょう》での賛成《さんせい》・反対《はんたい》を考《かんが》える時間《じかん》が生《う》まれるのです。

憲法《けんぽう》の改正《かいせい》を最終的《さいしゅうてき》に決《き》めるのは、有権者《ゆうけんしゃ》による国民投票《こくみんとうひょう》ですが、報道《ほうどう》の影響《えいきょう》や政治家《せいじか》の好《す》き嫌《きら》いなど、その時《とき》の雰囲気《ふんいき》によって結《けっ》果《か》が大《おお》きく変《か》わってしまう危《あや》うさもあります。いずれ投票《とうひょう》の機会《きかい》が訪《おとず》れた時《とき》に確《たし》かな一票《いっぴょう》を投《とう》じるためにも、憲法《けんぽう》をしっかり知《し》っておくことが大切《たいせつ》だといえます。

国民《こくみん》の永久《えいきゅう》の権利《けんり》

第《だい》97条《じょう》

［基本的人権《きほんてきじんけん》の本質《ほんしつ》］

意味《いみ》

この憲法《けんぽう》は、
みんなの基本的人権《きほんてきじんけん》を
守《まも》ることを約束《やくそく》しているよ。
この権利《けんり》は、昔《むかし》の人《ひと》たちがものすごくがんばって、
いろんな試練《しれん》を乗《の》りこえて、
今《いま》と未来《みらい》の国民《こくみん》にたくしてくれたものだよ。
絶対《ぜったい》にふみにじっちゃいけない、
とても大切《たいせつ》な永遠《えいえん》の権利《けんり》なんだ。

原文《げんぶん》

この憲法《けんぽう》が
日本国民《にほんこくみん》に保障《ほしょう》する基本的人権《きほんてきじんけん》は、
人類《じんるい》の多年《たねん》にわたる自由獲得《じゆうかくとく》の
努力《どりょく》の成果《せいか》であつて、これらの権利《けんり》は、
過去幾多《かこいくた》の試錬《しれん》に堪《た》へ、
現在及《げんざいおよ》び将来《しょうらい》の国民《こくみん》に対《たい》し、
侵《おか》すことのできない
永久《えいきゅう》の権利《けんり》として信託《しんたく》されたものである。

解説《かいせつ》

未来《みらい》につなぎたい「基本的人権《きほんてきじんけん》」

基本的人権《きほんてきじんけん》は、今《いま》のわたしたちにとってはふだん意識《いしき》しないほど当《あ》たり前《まえ》の権利《けんり》です。しかし、世界《せかい》には基本的人権《きほんてきじんけん》が保障《ほしょう》されていない国《くに》もたくさんあります。表現《ひょうげん》の自由《じゆう》がみとめられていない独裁国家《どくさいこっか》もありますし、戦乱《せんらん》で家《いえ》を失《うしな》ったシリアなどの難民《なんみん》の人々《ひとびと》も人権《じんけん》をほとんど保障《ほしょう》されていません。日本《にほん》でも江戸時代《えどじだい》には「切捨御免《きりすてごめん》」といって武士《ぶし》が罪《つみ》のない人《ひと》を斬《き》ったり、「あだ討《う》ち」といって復讐《ふくしゅう》で人《ひと》を殺《ころ》すことがみとめられていました。明治時代以降《めいじじだいいこう》も、女性《じょせい》の人権《じんけん》が大《おお》いに制限《せいげん》されていたことは説明《せつめい》しましたね。原文《げんぶん》に「過去幾多《かこいくた》の試錬《しれん》に堪《た》へ」とあるように、わたしたち人類《じんるい》が迫害《はくがい》や奴隷制度《どれいせいど》、差別《さべつ》、戦争《せんそう》などの苦《くる》しみを乗《の》り越《こ》えた上《うえ》で徐々《じょじょ》にたしかなものとしてきた権利《けんり》こそ「基本的人権《きほんてきじんけん》」なのです。それを未来《みらい》へ永久《えいきゅう》につないでいくというのがこの条文《じょうぶん》の意味《いみ》するところです。「信託《しんたく》」という言葉《ことば》に、「過去《かこ》から預《あず》かったものを未来《みらい》に届《とど》ける」という決意《けつい》が感《かん》じられます。

この条文《じょうぶん》が置《お》かれている憲法《けんぽう》の第《だい》10章《しょう》は、「最高法規《さいこうほうき》」といって、この国《くに》のあるゆる法《ほう》の中《なか》でもっとも位《くらい》の高《たか》いものについて記《しる》されています。憲法《けんぽう》が最高《さいこう》の法《ほう》であることも次《つぎ》の98条《じょう》に記《しる》されていますが、その前《まえ》にわざわざこの条文《じょうぶん》を置《お》いたのは、基本的人権《きほんてきじんけん》の尊重《そんちょう》を保障《ほしょう》するためにこそ憲法《けんぽう》を最高法規《さいこうほうき》にしているのだという、日本国憲法《にほんこくけんぽう》を作《つく》った人《ひと》たちのメッセージが込《こ》められているように思《おも》います。

第《だい》98条《じょう》

【最高法規《さいこうほうき》】【国際法《こくさいほう》の遵守《じゅんしゅ》】

憲法《けんぽう》は最高《さいこう》の法《ほう》

意《い》味《み》

①この憲法《けんぽう》は
日本《にほん》でいちばん力《ちから》のある決《き》まりだよ。
この憲法《けんぽう》に反《はん》していたら、
どんな法律《ほうりつ》も命令《めいれい》も、
たとえ天皇《てんのう》や政治家《せいじか》だって、
何《なん》の力《ちから》も持《も》たないよ。
②ほかの国《くに》との約束《やくそく》も
しっかり守《まも》らなきゃいけないよ。

原文《げんぶん》

①この憲法《けんぽう》は、
国《くに》の最高法規《さいこうほうき》であつて、
その条規《じょうき》に反《はん》する
法律《ほうりつ》、命令《めいれい》、詔勅《しょうちょく》及《およ》び国務《こくむ》に関《かん》する
その他《た》の行為《こうい》の全部《ぜんぶ》又《また》は一部《いちぶ》は、
その効力《こうりょく》を有《ゆう》しない。
②日本国《にほんこく》が締結《ていけつ》した条約《じょうやく》及《およ》び確立《かくりつ》された国際法規《こくさいほうき》は、
これを誠実《せいじつ》に遵守《じゅんしゅ》することを必要《ひつよう》とする。

解説《かいせつ》

憲法《けんぽう》は日本《にほん》でいちばんえらい法《ほう》です

この条文《じょうぶん》ではまさに、憲法《けんぽう》が日本《にほん》の「最高《さいこう》法規《ほうき》」であることが確認《かくにん》されています。法律《ほうりつ》と法律《ほうりつ》が矛盾《むじゅん》したらふつうは後《あと》にできた法律《ほうりつ》が優先《ゆうせん》されます。しかし、憲法《けんぽう》と法律《ほうりつ》が矛盾《むじゅん》したら、どちらが後《あと》か先《さき》かには関係《かんけい》なく、憲法《けんぽう》が勝《か》つというのがこの条文《じょうぶん》の意味《いみ》です。つまり憲法《けんぽう》がいちばんえらく、それに矛盾《むじゅん》する法律《ほうりつ》は一切効力《いっさいこうりょく》を持《も》たないのです。憲法《けんぽう》がふつうの法律《ほうりつ》とは異《こと》なる性質《せいしつ》を持《も》つことを意味《いみ》する、とても大切《たいせつ》なポイントです。

そして、矛盾《むじゅん》するかどうかの判断《はんだん》は、81条《じょう》で説明《せつめい》した「違憲審査《いけんしんさ》」の権限《けんげん》を持《も》つ最高裁《さいこうさい》判所《ばんしょ》が最終的《さいしゅうてき》に行《おこな》います。

民主主義国家《みんしゅしゅぎこっか》では、国家《こっか》のために国民《こくみん》がいるのではなく、国民《こくみん》のために国家《こっか》があるというのが大原則《だいげんそく》です。法律《ほうりつ》は、国民《こくみん》の代表《だいひょう》が集《あつ》まっている国会《こっかい》において生《う》まれます。ただ、法律《ほうりつ》の上《うえ》には憲法《けんぽう》が置《お》かれているので、憲法《けんぽう》が法律《ほうりつ》の限界《げんかい》を定《さだ》めていることになるのです。「民主主義《みんしゅしゅぎ》だからといって、国会議員《こっかいぎいん》の多数決《たすうけつ》で何《なん》でも決《き》めていいわけじゃない」とするのが、日本国憲法《にほんこくけんぽう》の考《かんが》え方《かた》で、このような考《かんが》え方《かた》を「立憲主義《りっけんしゅぎ》」といいます。

②は要約《ようやく》の通《とお》り、外国《がいこく》と結《むす》んだ条約《じょうやく》や国際《こくさい》社会《しゃかい》の約束事《やくそくごと》は真面目《まじめ》に守《まも》りましょうということが書《か》かれています。

第《だい》99条《じょう》
〔憲法《けんぽう》尊重《そんちょう》擁護《ようご》の義務《ぎむ》〕

憲法《けんぽう》を守《まも》る義務《ぎむ》

意味《いみ》

天皇《てんのう》や、内閣総理大臣《ないかくそうりだいじん》、その他《た》の大臣《だいじん》・政治家《せいじか》、
裁判官《さいばんかん》など、とにかくすべての公務員《こうむいん》は、
この憲法《けんぽう》を大切《たいせつ》にして、
大事《だいじ》に守《まも》らないとダメだよ。

原文《げんぶん》

天皇《てんのう》又《また》は摂政《せっしょう》及《およ》び国務大臣《こくむだいじん》、国会議員《こっかいぎいん》、
裁判官《さいばんかん》その他《た》の公務員《こうむいん》は、
この憲法《けんぽう》を尊重《そんちょう》し
擁護《ようご》する義務《ぎむ》を負《お》ふ。

解説《かいせつ》

公共《こうきょう》に仕《つか》える者《もの》は憲法《けんぽう》を尊《とうと》び守《まも》ることが義務《ぎむ》

この条文《じょうぶん》には、憲法《けんぽう》を尊《とうと》び守《まも》る義務《ぎむ》が書《か》かれています。条文《じょうぶん》の中《なか》には天皇《てんのう》や国会議員《こっかいぎいん》などその義務《ぎむ》を負《お》う立場《たちば》が書《か》き連《つら》ねられています。「その他《た》の公務員《こうむいん》」とありますが、各省庁《かくしょうちょう》に勤務《きんむ》する国家公務員《こっかこうむいん》や、地方自治体の地方公務員《ちほうこうむいん》などがこれにあたります。そして、この中《なか》に「国民《こくみん》」が含《ふく》まれていないのが重要《じゅうよう》なポイントです。国民《こくみん》には憲法《けんぽう》を尊《とうと》び守《まも》る義務《ぎむ》がとくにあたえられてはいません。

法律《ほうりつ》は「ふつうの人々《ひとびと》の勝手《かって》な行動《こうどう》を制限《せいげん》するため」にあるのに対《たい》し、憲法《けんぽう》は「法律《ほうりつ》を作《つく》ったり扱《あつか》ったりする立場《たちば》にある公務員《こうむいん》の勝手《かって》な行動《こうどう》を制限《せいげん》するため」にこそある、という違《ちが》いがあると考《かんが》えるとわかりやすいでしょう。公務員《こうむいん》がその権限《けんげん》を乱暴《らんぼう》に利用《りよう》して国民《こくみん》の権利《けんり》や自由《じゆう》をうばうことがないよう、いましめとして憲法《けんぽう》が存在《そんざい》しています。そこで国家《こっか》の権力《けんりょく》を行使《こうし》する人々《ひとびと》には、憲法《けんぽう》を守《まも》るべしと固《かた》く義務《ぎむ》づけているのです。

実際《じっさい》に、警察官《けいさつかん》や自衛官《じえいかん》などの公務員《こうむいん》になると「日本国憲法及《にほんこくけんぽうおよ》び法令《ほうれい》を遵守《じゅんしゅ》し」と宣誓《せんせい》を行《おこな》うことが決《き》められています。そして、99条《じょう》が「尊重《そんちょう》」という言葉《ことば》を用《もち》いていることに注意《ちゅうい》しましょう。公務員《こうむいん》は憲法《けんぽう》を尊《とうと》ばなければならないのです。たとえば、国会議員《こっかいぎいん》が現在《げんざい》の憲法《けんぽう》をけなす発言《はつげん》をすることなどは、厳密《げんみつ》にいえば、この条文《じょうぶん》に反《はん》していることになります。

おわりに

ここまで一緒《いっしょ》に日本国憲法《にほんこくけんぽう》について学《まな》んできましたが、いかがだったでしょうか。憲法《けんぽう》というと難《むずか》しくて、大人《おとな》でも理解《りかい》できないものだと思《おも》っていたかもしれませんが、そんなことはありません。原文《げんぶん》はたしかに難《むずか》しい日本語《にほんご》で書《か》かれていますが、内容《ないよう》は小学生《しょうがくせい》でも十分《じゅうぶん》に理解《りかい》できるものです。

もしも、どうしてもわからない部分《ぶぶん》があったら、少《すこ》し時間《じかん》が経《た》ってからもう一度《いちど》読《よ》んでみてください。学校《がっこう》の勉強《べんきょう》や、お父《とう》さん、お母《かあ》さんから聞《き》いた話《はなし》、新聞《しんぶん》やテレビなどからどんどん知識《ちしき》を吸収《きゅうしゅう》して、「ここってこういう意味《いみ》だったんだ」と理解《りかい》できる日《ひ》はかならずやってきます。

憲法《けんぽう》は権力《けんりょく》を持《も》つ人《ひと》たちに好《す》き勝手《かって》させないためのルールです。このルールがあるからこそ、わたしたちは自由《じゆう》に過《す》ごし、やりたいことができます。でも、外国《がいこく》の中《なか》には、憲法《けんぽう》があるのにきちんと守《まも》られていない国《くに》もあります。これでは国民《こくみん》は安心《あんしん》して暮《く》らすことができません。

日本《にほん》がそんな国《くに》にならないためには、わたしたちが憲法《けんぽう》を理解《りかい》し、権力《けんりょく》をチェックし続《つづ》けることが大切《たいせつ》です。そうすることで、自分《じぶん》や自分《じぶん》の家族《かぞく》、そして友達《ともだち》がいつも笑顔《えがお》で、毎日《まいにち》が楽《たの》しくなるようなすてきな人生《じんせい》を送《おく》ることができるのです。

これからも、憲法《けんぽう》に関心《かんしん》をもって、勉強《べんきょう》を続《つづ》けていってくださいね。

監修／南野 森　みなみの しげる

九州大学法学部・大学院法学研究院教授。京都府出身。東京大学法学部、同大学大学院法学政治学研究科、パリ第十大学大学院を経て、2002年4月、九州大学法学部准教授に就任。2014年8月より教授。近著に『憲法学の世界』（日本評論社、編著）、AKB48（当時）の内山奈月との共著『憲法主義～条文には書かれていない本質』（PHP研究所）などがある。

10歳から読める・わかる
いちばんやさしい
日本国憲法

2017年10月1日　初版発行
2017年11月15日　第2刷発行

監修　南野 森

発行者　近藤和弘
発行所　東京書店株式会社
〒101-0051
東京都千代田区神田神保町2-40-7　友輪ビル4F
TEL:03-5212-4100
FAX:03-5212-4102
http://www.tokyoshoten.net
郵便振替口座0018-9-21742

編集　開発社
執筆　山下達広（開発社）、鈴木翔、杉本みな子
イラスト・デザイン　杉本龍一郎（開発社）
DTP　太田俊宏（開発社）、株式会社明昌堂
印刷・製本　株式会社ウイル・コーポレーション

Printed in Japan　ISBN978-4-88574-066-4　C8032